策划人　郝宁

自我关怀

走出苛责的怪圈

杨莹 / 著

序言

2015年春夏之交,我完成两年硕士学习后,通过考核顺利转为博士研究生。还未来得及欢喜,便遇到学业生涯的一次挫折——我投稿的第一篇英文学术论文被拒稿了。即便这件事已经过去好几年,凌晨看到拒稿信的冷水浇头之感和绝望感,我依旧记得很清楚。之后的几个月,我的情绪都很低落,一些思绪在脑海里挥之不去:这个研究主题是否有价值?我真的适合做研究吗?我有把握写好这篇文章吗?为什么身边的人都这么优秀,我却没有进步?……

在情绪低迷、深感困惑的时期,我看到了内夫教授的研究,才发现自己陷入了自我苛责的怪圈。一味地怀疑与批评自己并不是明智的选择,这会让我被坏情绪和怪念头折磨,无法获得改变的动力。我应该多给自己一点关爱,真诚地理解、善意地接纳、温暖地鼓励处在困境里的自己,就像我的亲人、好朋友遇到困难时我做的那样。在阅读文献的过程中,我开始尝试客观面对自己的消极情绪,不否认,也不回避,思绪慢慢变得清晰。我意识到,不是只有我会遇到失败,隔壁实验室的小伙伴为实验方案需要重新调整而苦恼，舍友的研究总是招不到被试……当我认识到我们都一样时，一种奇妙的联结感产生了，孤独感与低落情绪也逐渐消失。我深深受益于自我关怀，这个领域需要探索的问题还有很多，我便逐渐开始了对自我关怀的研究。

  我们那颗友善的心往往能轻易地给予他人关爱和安抚，却容易苛责自己；我们对朋友充满善意与期待，却不擅长给自己宽慰、理解与支持。很多人习惯于要求自己"更好一点""更努力一点""比别人更优秀一点"，也常常懊恼"当初为什么不……，也许结局就不一样了"，这种冷酷、苛刻的自我批评既会增添不满、忧虑、懊恼和恐惧，又不能有效地激励我们去改变与成长。换种方式吧！对自我的接纳会给我们提供安全感，增加心理弹性，也能激发向上的强大动力。在关怀自己、安定情绪后，我们会发现，能力和自信心都可以随着经验的增加而不断提高。

  我希望通过这本书带读者认识什么是自我关怀，它与人们常说的自尊、自我放纵、以自我为中心有什么关系？自我关怀如何帮助我们应对压力和消极情绪？对待自己的关怀能否扩展、传递到他人身上？自我关怀为什么能够成为人们不断成长的动力源泉？另一个重要问题是，如何养成自我关怀的心态？

  善待自己，对生活报之以歌，请与我一起开启自我关怀之旅。

杨 莹

2021 年 8 月

目录

1	**第一章　逃离苛责的怪圈：自我关怀概述**
5	什么是自我关怀？
11	消除疑虑：自我关怀与其他相关概念
11	自我关怀等于自尊吗？
13	自我关怀意味着自我放纵吗？
16	自我关怀会催生自我怜悯吗？
18	同源不同质：自我关怀和正念
21	**第二章　自我关怀：成就幸福的力量**
22	什么是幸福？
22	来自心理学的答案：幸福源于自己
26	汉斯幸福吗？
30	当坏情绪来敲门
31	抑郁障碍与焦虑障碍

1

- 33 自我关怀：抑郁与焦虑的解药
- 36 社会性疾病：异常进食行为
  - 36 "瘦"时代：进食障碍的成因
  - 41 设立合理目标
  - 43 自我关怀与进食障碍
  - 46 自我关怀与健康行为
- 48 免于伤害：自我关怀与创伤经历
  - 48 创伤后应激障碍
  - 49 创伤后的痛苦与成长

53　第三章　爱自己，爱他人：自我关怀的社会功能

- 54 自我关怀者如何与他人相处？
  - 54 "爱自己"意味着更自私、更无情吗？
  - 62 自我关怀者更喜欢和更善于社交吗？
- 66 拥抱自己，收获更健康的人际关系
  - 66 是什么影响了我们的人际关系质量？
  - 70 自我关怀者拥有怎样的人际关系？
  - 73 为什么自我关怀对人际关系有益？
- 77 赠人玫瑰，手有余香：自我关怀的拓展
  - 77 自我关怀增加好行为
  - 81 自我关怀减少坏行为

目 录

87	**第四章 寻找内在动力：自我关怀对学习的影响**
88	轻装上阵：缓解期待带来的焦虑
88	沉重的爱：学业期待压力
92	自我关怀调节学业压力
94	树立积极目标
94	你为什么学习？
99	破除恐惧，正视问题
109	**第五章 自我关怀时，我们的大脑在做什么？**
110	我们大脑的基本脑区
114	自我关怀的大脑
115	自我友善与自我苛责的神经活动
117	普遍人性观与社会联结的神经活动
120	正念观与情绪调节的神经活动
125	与自我关怀相关的其他生理学研究
129	**第六章 内在滋养：青少年的自我关怀之路**
130	青春期的危机与契机
130	青春期的心理特征
132	危机四伏：青少年常见心理与行为问题

134	保驾护航：自我关怀的积极作用
138	**家庭：最重要的微观环境**
140	两种父母教养策略：自主支持和心理控制
146	教养策略对自我关怀发展的影响
149	其他教养方式的影响
150	**青少年的自我关怀训练**
150	正念自我关怀的团体干预课程
152	关爱与友善冥想训练
153	基于正念的干预训练

155　第七章　掌握反转生活的力量：自我关怀干预措施

156	**停止打地鼠：自我关怀操作技巧**
158	练习一：改变对待自己的方式
160	练习二：尝试给自己一个拥抱
161	练习三：给自己念一段自我关怀的话语
164	练习四：写下对自己的关怀
166	**自我关怀练习**
166	请让自我批评之刃入鞘
172	你可以保护内心的小孩
177	你可以很美
182	你的工作热情燃尽了吗？

目录

- 185 　亲密关系中的关怀
- 187 　最后的话：一起点亮宇宙中的黑暗

189　参考文献

第一章

逃离苛责的怪圈：
自我关怀概述

自我关怀：走出苛责的怪圈

我们每时每刻都面临着压力与挑战。压力有时来自突发的疫情、地震、洪灾等重大事件，有时来自生活中需要解决的诸多难题。我们在儿童、青少年时期，要应对学业压力，战胜考试焦虑，维持友情和处理冲突；进入大学后，要一边学习一边练习建立亲密关系；转眼快要毕业，随之而来的求职季充满竞争与挑战；职场也不轻松，可能会因发展不足、工作太多而燃尽热情，也可能会因缺乏成长而引发中年危机与无意义感……如果缺少有效缓解压力的方法，很容易产生抑郁、焦虑等心理问题。

现在，请你想一想，在遇到困难和感到痛苦时，你有没有出现过这样的念头？

- 考试失利时："这么重要的考试，我怎么能犯如此低级的错误？我真是没救了！""为什么其他同学学起来很轻松，我辛苦复习了这么久，却只有我没通过？我实在太笨了！"

- 发生人际冲突或恋爱受挫时："我处理人际关系的方法太糟糕了！我为什么不能像其他人那样健谈、风趣？""跟我分手一定是因为我不够好吧？我这样的人不配获得真爱。"

- 工作遇到困难时："我怎么又犯错误了？为什么其他同事都能顺利完成任务，我却总是拖后腿？""这次述职，其他同事都超额完成了任务，升了职，只有我没有进步。"

你会觉得奇怪吗？为什么这些消极、自我批评的念头很容易出现

第一章 逃离苛责的怪圈：自我关怀概述

在脑海里，总是长期存在，仿佛不会消失？这些消极的自我态度形成后，会成为我们成长、奋斗和前进道路上的阻碍。对自我的苛责就像泥潭，会使人深陷其中，难以自拔。

此刻，请你再想一想，如果相似的事情发生在你最要好的朋友身上，上面那些话语还会迅速出现在你的脑海中吗？你会如何安慰好友？

你可能会告诉好友：

- "一次考试并不能否定你的能力，这次失败只是偶然事件，下次再努力点。""与你上次的考试成绩相比，这次的成绩是不是有了明显提高？这样看来，你已经进步了！"

- "在我眼中，你身上有许多闪闪发光的优点，内向的你更沉稳，做事严谨，是个很有责任心的人！""分手只能说明你和这个人不合适，不是你的错。给自己一些调整的时间，你会遇到更合适的人！"

- "工作本来就需要团队合作，每个人都有自己的长处。你有需要他人帮助的时候，但团队的成功也离不开你的贡献呀！""我觉得你很棒，与自己相比，你又学会了许多新知识、新技能。与其懊恼，不如想一想，哪些方面你需要再努力一下。"

有没有发现，在遇到生活中的挫折时，我们那颗友善的心轻易就能给予他人关爱和安抚，这些友善的话语可以使朋友重拾生活的希望。但我们面对自己时，却容易陷入苛责、怀疑、批评的怪圈。很多时候，对我们要求最高、最严厉、最挑剔的正是我们自己！

过去的几十年，西方心理学界的研究焦点是个体主义，特别强调自尊对自我积极体验的促进与提升。研究者也关注如何增强我们对他人的关爱、同情、慈悲心，却忽视了指向自己心灵的友善与关爱——就像人们常常忘记关怀自己一样。真正的关怀需要打破自我与他人之间的界限，包含同时指向自我和他人的同情与关爱。

\\\ 试一试 \\\ ••••••••••••••••••••••••••••••••

当朋友遇到困难，非常沮丧地向你诉说自己的经历，你会怎么回应？

• 小 A 追求心仪的对象很久了……"我这么喜欢他，为他做了这么多事，可他无动于衷。是不是因为我长得太丑了？我不知道谁能接受我。"

你会回应：

_____

_____

• 小 B 正在攻读博士学位……"我又被拒稿了，这已经是第三次了！我肯定不能按时毕业了！为什么其他同学投稿都那么顺利，只有我处处碰壁？我太笨了，读博对我来说太难了。"

你会回应：

_____

_____

第一章 逃离苛责的怪圈：自我关怀概述

什么是自我关怀？

我们如何走出自我苛责的怪圈？"自我关怀"这一概念或许可以给出答案。美国得克萨斯大学的内夫（Kristin D. Neff）教授受东方佛教哲学思想和西方心理咨询理论的影响，在2003年提出"自我关怀"（self-compassion）的概念（Neff，2003a），同时根据其内涵编制了《自我关怀量表》（Self-compassion Scale，SCS）（Neff，2003b）。自我关怀[①]指在面对压力、挫折、失败或自身缺点时，采取接纳、不批判的态度对待自己（Neff，2003a）。自我关怀通过三个成分发挥效能，而每个成分又包含正性和负性两个维度，分别反映了对待自我的关怀与不关怀的方式（图1-1）。

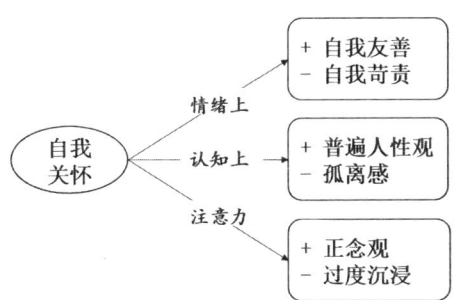

图1-1 自我关怀的成分与维度构成
（+代表正性维度，-代表负性维度）

第一个成分是自我友善与自我苛责（self-kindness vs. self-

[①] 也有研究者翻译为"自我怜悯""自我慈悲""自我同情"，但我认为"关怀"一词更能反映其内涵和功能，也更容易被大众理解。

judgment）。自我友善的人面对自身的缺陷和不足时，会以理解和关爱的态度对待自己。友善反映了一个人温柔、耐心的态度（Gilbert & Irons，2005），正如《自我关怀量表》中的例题——"当我心情不好时，我会更关爱自己"。此时，我们对自我价值的认可是无条件的，并不取决于一次的成败。自我苛责反映了高标准、严要求、挑剔甚至敌意的态度（Neff，2003a）。"对于自己的缺点和不足，我持不满和批判的态度"，即自我苛责的体现。总是自我苛责和批判的人是拒绝自己内心的真实感觉、想法和行动的，其自我价值建立在外部事件的成功或失败上，抑或取决于他人的评价。如果一个人对自己是友善的，即便感受到压力，也能保持稳定的情绪与开放的态度。

回想一下，你如何展现对他人的友善与关爱？你会在朋友伤心的时候给予安慰，会耐心帮助问路的行人，会随手替别人拉开门……再想象一下，对自己友善是什么样子？对一些人来说，想象对自己友善的情景可不容易，甚至有些陌生和不适应。对自己友善和对他人友善其实是一样的，在自己伤心的时候安慰自己"没关系""来日方长"，对自己失望或者觉得沮丧时，用轻柔的语气为自己加油打气，尝试用理解、友善的方式看待失败。

自我苛责带来的最大问题是会让人有孤离感，如："为什么大家都做得很好，只有我一个人做不好？我感觉自己和世界是割裂的。"这就涉及自我关怀的第二个成分：普遍人性观与孤离感（common humanity vs. isolation）。普遍人性观指一个人将不完美视为人类的共同处境，意识到每个人都有不足和缺陷，所有人都会遇到困难或失败，并非自己在独自承受苦难。普遍人性观这一维度让人意识到自己与周围人的内在联系，无论是他人还是自己的不完美，都值得被体谅、被理解（Neff，2003a）。正如《自我关怀量表》中涉及普遍人性观的题目所描述的，"遇到困难时，我会把困难看成生活的一部分，是每个人都会经历的"。普遍人性观增进了我们的社会联结感，减少了孤独感、社交焦虑和社会回避（Akın & Akın，2015；Liu，Yang，Wu，Kong，& Cui，2020）。有些人在遇到挫折和困难时，更容易体验到自我和他人之间的界限，沉浸在自己的痛苦和错误中，由此产生孤离感，有时还伴有怨愤之情——"这种倒霉事儿为什么只发生在我身上？"量表中的题目"情绪低落时，我会觉得大多数人可能比我快乐"，即孤离感的体现。

　　自我关怀的第三个成分是正念观与过度沉浸（mindfulness vs. over-identification）。正念观指一个人用客观、平衡的观点看待当下的痛苦与失败，不过度压抑或沉浸在负面情绪中，不被缺点折磨（Barnard & Curry，2011）。正念观反映了对自己所思所想的充分关注和观察，也是一种不带评价的自我觉知（Shapiro，Astin，Bishop，& Cordova，2005），它能帮助我们从当前的错误或失败中学习，既不为自我评价分心、担忧，也不沉浸在消极情绪中（Neff，2003a）。量表中的题目"当一些令人痛苦的事情发生时，我尽量用平和的心态来面对"，就是正念观的体现。过度沉浸反映了一个人在消极情绪中反复思考，反刍自身的错误，甚至夸大失败与痛苦（Neff，Hsieh，& Dejitterat，2005），即反复纠结于"完蛋了，我居然会犯这么低级的错误"。过度沉浸或回避痛苦既会阻碍我们探索自己的想法、情绪，又会使我们无法从过去的经历中获取经验。量表中的题目"当我在一些对自己来说重要的事情上失败后，我会不断地想自己的不足"，即过度沉浸的体现。

正念观可以帮助我们用一种清晰的方式感知当下的经验，既不忽视也不过分反刍自己身上或者生活中不喜欢的方面。其前提是一个人要承认自己的痛苦。承认深感痛苦并给予自己安慰之后，我们便会发现自己能够理智、清晰地觉察当下的状况，明白失败并不意味着自己比其他人差，只是没有找到正确的方法。这样一来，我们就更有力量去解决问题。

自我关怀的三个成分在概念上有所区分，各有侧重，其中"自我友善与自我苛责"反映了我们在情绪上如何应对生活中的痛苦与挫折；"普遍人性观与孤离感"反映了我们在认知上如何理解和阐释当前的困境；"正念观与过度沉浸"反映了我们面对痛苦时如何分配和调整自己的注意力。这三个成分在功能上会相互影响。当我们意识到挫折和失败是人类的普遍经验时（"每个人都有自己需要应对的问题"），孤立无助的感觉会减少（"不是只有我一个人会犯错"），我们对待自己就会更友善而不是苛责（"我不必感觉到羞耻、难堪"）。同样，当我们能够用开放的态度观察自己的负面情绪（"我此刻的难过和痛苦只是暂时的"），糟糕透顶的感觉也会减弱（"今天并不是世界末日"），我们对自己的态度就会更温和、积极（"我现在能做点什么，让自己感觉好点呢？"）。

《自我关怀量表》可以评估一个人的特质性自我关怀水平，其题目直接反映了自我关怀的不同成分及维度，包括人们在思想、情绪和行为上如何看待和对待自己。来自不同国家和不同文化的研究者已翻译该量表并进行了本土化修订，在跨文化的样本中检验了该量表的适应性（如 Tóth-Király & Neff, 2021）。中国学者陈健、燕良轼与周丽华（2011）检验了中文版量表的信度和效度。想知道自己的自我关

第一章 逃离苛责的怪圈：自我关怀概述

怀水平吗？让我们一起测测吧！

\\\ **在痛苦的时刻，我通常怎样对待自己……** \\\ ·················

请仔细阅读以下各题的陈述，根据自己最近与陈述相符的行为频率，选择相应选项。

题 目	从不	偶尔	有时	经常	总是
1. 对于自己的缺点和不足，我持不满和批判的态度。	1	2	3	4	5
2. 当我情绪低落时，我容易纠结于不顺心的事情。	1	2	3	4	5
3. 遇到困难时，我会把困难看成生活的一部分，是每个人都会经历的。	1	2	3	4	5
4. 当我想到自己的缺点时，我会感到更加孤立与孤单。	1	2	3	4	5
5. 当我心情不好时，我会更关爱自己。	1	2	3	4	5
6. 当我在一些对自己来说重要的事情上失败后，我会不断地想自己的不足。	1	2	3	4	5
7. 当我倒霉的时候，我会提醒自己：其实这世上有很多人和我一样不走运。	1	2	3	4	5
8. 处境艰难时，我通常会对自己很苛刻。	1	2	3	4	5
9. 遇到烦心事时，我会尽量让自己的情绪保持稳定。	1	2	3	4	5
10. 当我感到自己在某些方面不足时，我会尽量提醒自己：大部分人和我一样，都不完美。	1	2	3	4	5
11. 对于我性格中那些自己不喜欢的方面，我不能容忍。	1	2	3	4	5
12. 当我经历艰难困苦时，我会关心自己、善待自己。	1	2	3	4	5
13. 情绪低落时，我会觉得大多数人可能比我快乐。	1	2	3	4	5
14. 当一些令人痛苦的事情发生时，我尽量用平和的心态来面对。	1	2	3	4	5
15. 我尽量把自己的失败看成人生经历的一部分。	1	2	3	4	5

（续表）

题　目	从不	偶尔	有时	经常	总是
16. 当我意识到自己的缺点时，我会对自己失去信心。	1	2	3	4	5
17. 当我在一些对自己重要的事情上失败时，我会尽量全面、客观地看待这些事情。	1	2	3	4	5
18. 当我很努力去争取某样东西时，我觉得其他人得到同样的东西一定会比我轻松些。	1	2	3	4	5
19. 经历困苦时，我会善待自己。	1	2	3	4	5
20. 当某些事使我心烦时，我容易受情绪控制而失去理智。	1	2	3	4	5
21. 经历困苦时，我对自己有点冷酷无情。	1	2	3	4	5
22. 情绪低落时，我尽量用好奇与开放的心态去面对。	1	2	3	4	5
23. 对于自己的缺点和不足，我持宽容态度。	1	2	3	4	5
24. 当一些痛苦的事情发生时，我会夸大它对我的影响。	1	2	3	4	5
25. 在一些对自己重要的事情上失败时，我容易觉得是自己一个人在承受失败，感到孤独。	1	2	3	4	5
26. 我尽量去理解和包容自己性格中自己不喜欢的方面。	1	2	3	4	5

参考文献：Neff，2003b；陈健，燕良轼，周丽华，2011。

题目计分：
- 测量自我友善的题目：5，12，19，23，26
- 测量自我苛责的题目：1，8，11，16，21
- 测量普遍人性观的题目：3，7，10，15
- 测量孤离感的题目：4，13，18，25
- 测量正念观的题目：9，14，17，22
- 测量过度沉浸的题目：2，6，20，24

计算量表总分：
　　可以计算六个维度的平均分，反映自我关怀的六个侧面；也可将自我苛责、孤离感和过度沉浸这三个负性维度的题目反向计分（即 1→5，2→4，3→3，4→2，5→1）后，再与其他三个正性维度一起计算量表总均分，用来评测自我关怀的整体水平。

消除疑虑：自我关怀与其他相关概念

"自我"一直是哲学、社会学与心理学关注的重要议题。在介绍了"自我关怀"的概念之后，我们头脑里可能有许多疑问：自我关怀与我们常常提到的自尊有什么关系？关爱自己等于自尊心很强吗？友善地对待自己是否会让我们放松对行为的监督与约束，滋生偷懒、推脱、放纵等不良行为？自我关怀是否意味着顾影自怜、孤芳自赏？自我关怀会不会让我们更自私自利？

为了消除这些疑惑，我们需要区分自我关怀与其他相关概念。

自我关怀等于自尊吗？

心理学在过去几十年中对自尊（self-esteem）进行了大量探讨。自尊的内涵源于詹姆斯（James, 1983）的定义：自尊是一个人对自己整体能力的评价。其他研究者也从不同角度界定了自尊的亚类型，如哈特（Harter, 1999）认为，一个人的自尊并不是单维的结构，它应该体现在不同领域中，如学业能力、社会接纳程度、运动能力、外表和行为举止方面的自尊。还有研究者根据人们对自己评价和体验的稳定程度提出了"条件自尊"的概念（Kernis, 2005），认为自尊并不总是稳定的，如果一个人对自我价值的评价、对自己的喜爱度建立在是否达到某种外部标准上，我们就称其为"有条件的自尊"（contingent self-esteem; Crocker, Luhtanen, Cooper, & Bouvrette, 2003）。例如，取得好成绩时才会体验到高自尊，考试失败就感到自尊受挫。近几十年的研究发现，低自尊可能引发抑郁、焦虑等情绪；在一定程度上，高自尊对心理健康具有积极作用（Baumeister, Campbell, Krueger, & Vohs, 2003）。高自尊的人一般更认可自己的能力，对生活更满意且常常拥有积极情绪。

然而，追求高自尊也是有风险的。尤其是在强调个人独特性的西方文化中，自尊通常被认为是一个人与众不同、脱颖而出的标志。但自尊并不是万能的，当事情的发展对自我产生不利影响时，高自尊的人常常会过高估计自己的实力，夸大自己的成功和优点，忽略不利影响或潜在风险（Baumeister, Heatherton, & Tice, 1993）。对自尊的强调需要人们表现得比其他人更优秀，这种动机也可能滋生自恋、自私的行为（Neff & Vonk, 2009）。

调查显示，20世纪70—90年代，美国人的自尊和自恋出现代际性显著增长（Twenge, 2008）。所有人都比"普通人"更优秀、更出色——这是不合理的，不可能所有人都超出平均水平。对自尊的强调可能会让一个人产生自我增强的偏差，即在心理上认为自己在许多领域都比别人更优秀。值得警惕的是，这种偏差有时会引发不良行为，如为了维护高自尊，人们可能会忽略或者错误地判断消极反馈，把失败归因于外部因素（为失败找借口），对自己的不良行为不负责任，忽视、隐瞒或歪曲自己的缺点，错过改正和成长的机会（Neff & Vonk, 2009）。例如，在与伴侣或家人争吵后，为了维护自己的面子，为了保持对自我的良好感受，高自尊的人更可能贬损他人；当自我受到威胁时，他们更容易歧视与攻击比自己地位低的人（Fein & Spencer, 1997）。

自尊在一定程度上基于自我评价，当达不到外界要求时就会引发自我谴责。从这个角度来看，高自尊者的自我价值感可能是波动的

(Crocker et al., 2003)；试图拥有、维持高自尊可能使人一时自负，一时自卑，变得脆弱、敏感。

与自尊不同，对自我的关怀与慈悲心不建立在自我评价上。自我关怀作为一种源自东方禅学的概念，具有平衡、包容、辩证的意味。面对自己的缺点时，自我关怀不仅能让我们更好地对抗焦虑，而且会让我们更愿意改正错误，不断自我提升（Neff, Kirkpatrick, & Rude, 2007；Breines & Chen, 2012）。在自我关怀者的眼中，自己与他人，即世界上所有人都是不完美的，但都值得被温柔对待。一个善良、具有同情心的人对其他人抱有理解和支持，是因为他们正处于困难或危机中，而不是因为他们有多完美。自我关怀的人，正是对自己也持有同样的善意和理解的人。因而，自我关怀提供了相对稳定的自我价值感，它通常与心理弹性关系密切，对心理健康、幸福感等具有预测作用（Neff & Vonk, 2009）。

曾有研究者让参与者回忆自己身上最大的缺点以及它对自己发展的影响，并测量参与者的自尊、自我关怀与焦虑的水平。结果发现，自我关怀与焦虑之间的（负）相关程度强于自尊与焦虑之间的（负）相关程度。研究者还通过数据统计发现，在控制了参与者的自尊水平后，自我关怀与焦虑之间的负相关仍然显著存在；相反，在控制了参与者的自我关怀水平后，自尊与焦虑水平具有正相关关系。可见，当一个人的正面自我评价受到威胁时，自我关怀有助于克服焦虑，但自尊不能使我们免于焦虑（Neff et al., 2007）。

自我关怀意味着自我放纵吗？

我们可能会担心，如果对自己非常友善与关爱，我们会变得无欲无求，或放松警惕，不断为自己偷懒、不恰当的行为找借口、找理由。正在计划撰写文章的作者，每天都因为"我今天太累了""今天状态不好""最近压力很大"等原因，无限拖延提交文稿的时间；一个计划锻炼身体、健康饮食的人总用"吃饱了才有力量减肥""今天下雨了，不适合健身"等理由放弃原先的计划……是不是很常见？实际上，这是混淆了自我放纵（self-indulgence）与自我关怀。自我放纵是专注于享乐，为了快乐而推脱自己的责任，但自我关怀意味着追求长久的幸福与健康，而不是追求一时的安逸与享乐（Brach，2003）。

快乐是什么？是爽快的感觉，是无限的满足感，还是充实的人生体验？关于"如何获得快乐"，人们通常有两种不同的倾向，分别来自享乐论（hedonia）和实现论（eudaimonia），这源于哲学中何谓幸福的两种观点。享乐论强调高涨的积极情绪，认为幸福可以通过追求舒适和满足需要来实现，是一种欲望和需求得到满足时产生的愉快体验（Diener，1984），享乐论者更赞同"人生得意须尽欢"；实现论认为快乐来自人们在追求复杂且有意义的目标时自我的不断完善及个人潜能的充分发挥（Keyes & Annas，2009），强调有意义的活动才能带来愉悦体验，积极的情绪体验本身并不是幸福的核心内容，单纯以追求快乐来实现幸福会使人沦为欲望的奴隶（Kashdan，Biswas-Diener, & King，2008；郭震，杨莹，张梦圆，寇彧，2018）。实现论者会通过帮助他人、追寻和谐的人际关系和自我成长等方式获得长久的幸福感。自我放纵和自我关怀的区别正如上述两种幸福论之间的不同：自我放纵追求的是即时的愉快体验与积极情绪，而自我关怀更看重长久的幸福与个人成长。很多情况下，追求安逸、放纵能带来一时快乐，但不利于长久的健康和幸福。我们在几年前的研究中就曾发现,持有享乐论的青少年更容易网络成瘾,因为游戏能够暂时增加积极情绪,却不能换来持久的幸福(Yang,Li,Fu,& Kou,2017)。

虽然在追求个人成长的过程中可能会遇到暂时的不愉快(如运动、锻炼的过程可能很累,很难坚持),但自我关怀能够帮助我们正视弱点,为成长和改变提供强大动力与安全感。研究者也通过实验研究说明了这一点。在学业发展和表现领域,研究者发现,自我关怀能够促进学生的学业参与度(Babenko,Mosewich,Abraham,& Lai,2018);自我关怀的学生发展出的学习目标是掌握型的,而非表现型的,即自我关怀的学生的学习是被兴趣与好奇心驱动的,他们真的想掌握一项技能或知识,而不是想通过学习成绩来证明"自己看起来比其他同龄人更优秀"(Neff et al.,2005)。

在竞技领域,自我关怀能帮助运动员正确地应对压力,缓解焦虑,增加运动员的自我决定,这意味着运动员在训练和比赛中的自主性得到满足,情绪控制及坚持性也会得到提高(Barczak & Eklund,2020;Mosewich,Kowalski,Sabiston,Sedgwick,& Tracy,2011)。

在健康饮食、运动领域,自我关怀能提高一个人对身体的满意度,使其对自己的身体更接纳与欣赏,不批判也不厌恶自己的外形,同时更能坚持运动和健康饮食(Cox,Ullrich-Frencha,Tylka,& McMahon,2019)。在一项实验研究中,研究者先让参与者观看一系列身材完美的模特的照片,试图诱发他们对自己身材的不满与厌恶。接着,研究者将参与者随机分配到不同条件中,接受不同的干预:自尊干预(描述自己的积极品质)、自我关怀干预(写一段话,表达对自己的友善与关爱)和一般性积极干预(仅写下自己的爱好)。结果发现，自我关怀干预不仅更有效地缓解了身材焦虑，还增加了自我改善的动机，参与者表示想再努力一下，力争走近理想的自己（Moffitt, Neumann, & Williamson, 2018）。

还有研究让参与者回忆发生在自己身上，让自己感到后悔的学业失败或道德违规行为，随后也将参与者随机分配到自尊干预组、自我关怀干预组和一般性积极干预组中。结果发现，如果参与者被诱发表达对自己的善意与理解，就会有更强的动力去弥补过去的错误，更愿意修复违规行为造成的伤害，并承诺今后不重蹈覆辙（Breines & Chen, 2012）。

这些证据都说明，自我关怀不会使人走向自我放纵或堕落，不会削弱奋斗的动力；对自己的关爱和友善能让我们更勇敢地面对缺陷，更积极地从错误中吸取教训，保持自我成长和发展。

自我关怀会催生自我怜悯吗？

第三个可能混淆的概念是自我怜悯（self-pity）。我们也注意到，有一些文章和其他作品将"self-compassion"译为"自悯"或"自怜"，但反复考察与斟酌后，我们认为自我关怀与自我怜悯差别较大（实际上，内夫教授也认为，"self-compassion IS NOT self-pity"）。这两者的关键区别是，一个人如果陷入自我怜悯中，他就可能沉浸在自己遇到的不幸之事、痛苦情绪与烦恼念头中，忘记了其他人也正面对着自己的难题。他会忽视自己与世界上其他人的联系，把自己看成独自承受苦难的人。从这个角度来说，自我怜悯在一定程度上会滋生以自我为中心，倾向于强调与他人分离并夸大自己的痛苦。沉浸在痛苦中并不能缓解压力，不能带来幸福感；相反，调查显示，自我怜悯与神经质的人格特征、抑郁倾向和孤独感具有正相关。自我怜悯的人还倾向于对不幸遭遇进行外归因，认为发生在自己身上的一切都是由外部环境或其他人造成的，因而有更强烈的愤怒情绪（Stöber，2003）。

显然，自我怜悯与普遍人性观的理念是不相符的。自我关怀并不意味着自怨自艾，而是像设身处地为他人着想一样，友善、关爱地看待自己；普遍人性观主张将自己当前的痛苦放在更广阔的人类命运的背景下——"是的，我现在经历的事对我来说非常难，但还有许多人正在承受更大的痛苦，也许我面对的这一切不值得我如此难过……"从这个角度来说，自我关怀不仅不会导致以自我为中心，反而会消除自我和他人之间的界限，增进人际联结感（Neff & Seppälä，2016）。

最近有不少研究者（包括我们自己的研究团队）都开始考察自我关怀的社会功能，例如，自我关怀的人是否具有蓬勃、健康的人际关系？自我关怀会使人更自私还是更乐于助人？已有的一些调查研究发现，自我关怀能够提升居民的社区意识（Akın & Akın，2015）、社会支持感（Alizadeh, Khanahmadi, Vedadhir, & Barjasteh，2018）、普遍人际信任和关系需求的满足感（Yang，Guo，Kou，& Liu，2019）；自我关怀也能够滋生对他人的关怀与同情。调查研究发现，在普通成年人群体和具有正念禅修经验的群体中，自我关怀都与观点采择、移情关心以及利他主义特质具有正相关（Neff & Pommier，2013）。在一项实验室研究中，被研究人员诱导出自我关怀的参与者也展现出更多的帮助行为（Lindsay & Creswell，2014）。在我们自己的研究中，自我关怀不仅能预测高中生亲社会行为的水平（横断研究；Yang et al.，2019），而且能预测初中生的感恩情绪和亲社会行为的发展（纵向追踪研究；Yang，Kong，Guo，& Kou，2021）。在后面这项追踪研究中，我们连续三年追踪测评了四所中学的初中生的自我关怀、感恩以及亲社会行为，发现自我关怀的特质能够正向预测感恩和亲社会行为的增加，这意味着，自我关怀的特质能够使青少年将这种指向内部的善意扩展至他人。

自我关怀不需要我们否认当前的痛苦，也无须歪曲事实，将消极处境归咎于他人或外界环境。如果我们的行为对他人造成了伤害，否认是不可取的，推脱责任和不承认错误只会造成更大的痛苦，无法从经验中学习或成长。我们最近的一项研究就探讨了自我关怀与不道德行为的关系。我们想知道，关爱自己会让人放松对自我的要求，出现自我中心、自私自利的不道德行为，还是会让人保持更正确的道德观念，抑制不道德行为的出现。这项研究的对象既包括中学生，也包括大学生。我们通过问卷调查发现，自我关怀能够使人正视自身的错误，更少地合理化自己的行为，降低出现不道德行为的可能性（Yang，Guo，Wu，& Kou，2020）。

同源不同质：自我关怀和正念

正念（mindfulness）和自我关怀有什么关系？正念作为一种心理放松和缓解压力的技术，受到大家的欢迎与热爱。它指以一种清晰、平衡的方式，不带评价地觉察此时此刻（Brown & Ryan，2003），反映了对注意进行自我调控的元认知技能，这种技能会让人以开放、好奇和接受的态度对待自己的体验。正念和自我关怀都源自佛教思想，这两个概念在某些方面确实相似，如它们都涉及接纳自己当前的情绪状态，都能促进心理健康，增加幸福感（Keng，Smoski，& Robins，2011；MacBeth & Gumley，2012），但两者并不完全相同。

首先,自我关怀中的正念成分更关注一个人如何处理消极情绪,而广义上的正念主张始终保持平静和开放。正如内夫教授举的例子,"正念地吃葡萄干"是一个常见的引导人们学习和运用正念的训练,这个训练能够提高觉察力,增强分配注意力的能力,但它并不能有效提高一个人的自我关怀能力(Kabat-Zinn,1982)。

其次,正念观只是自我关怀的一个成分,自我友善和普遍人性观并非总与正念观保持一致。有些人或许可以正念地观察、觉知自己的情绪,却不能用温和、友善的方式安慰自己,也无法意识到消极情绪与痛苦事件是人类命运共享的部分。即便拥有正念的能力,真正要达到在脆弱、无助的时候关怀自己,可能需要付出更多的努力。也就是说,在正念觉知的同时,还需要尝试用友善的态度回应当前的体验。

再次,从定义上看,广义的正念和自我关怀的对象是不一样的。广义的正念的对象是自己的内心(将注意力集中在内在的思想和情绪上);自我关怀的对象是正在经历挫折的人(即自我)。

最后,近期一些生理研究也提醒我们,正念和关怀可能具有不同的神经基础。正念反映了一种元认知和注意调节的过程,与负责认知与执行功能的前额叶的关系更紧密;关怀更多涉及归属与友爱的脑部神经活动,如前岛叶和前内侧扣带皮层的活动(Klimecki,Leiberg,Lamm,& Singer,2013)。

研究者曾使用有关正念的量表和《自我关怀量表》对参与者施测,发现正念与自我关怀具有中等程度的显著正相关,相关系数从 0.28 到 0.68 不等,其区别在于选取的正念量表不同。如与使用《正念的五因素量表》(five factor mindfulness questionnaire; Baer, Smith, Hopkins, Krietemeyer, & Toney, 2006)相比,使用《正念觉察与注意量表》(mindful awareness and attention scale; Brown & Ryan, 2003)时, 自我关怀和正念的相关系数较小。此外, 总的来说, 自我关怀更能预测幸福感。在一些被诊断具有中等到严重程度的抑郁或焦虑症状的临床样本中, 研究者发现, 自我关怀对生活质量、焦虑、抑郁和担忧等心理健康指标的影响力比特质正念水平更强(Van Dam, Sheppard, Forsyth, & Earleywine, 2011)。这提醒我们, 在拥有正念的观点, 平衡地觉察当下情绪的基础上, 友善地对待自我和抱持共同人性观更能提高幸福感。

第二章

自我关怀：
成就幸福的力量

什么是幸福？

来自心理学的答案：幸福源于自己

人类对幸福的追求由来已久。哲学家亚里士多德（Aristotle）说，追求最佳的幸福是人类永恒的愿景。部分心理学家认同这一观点，认为追求幸福是人类社会生活的终极目标（Larsen & Eid，2008）。孩子努力学习取得好成绩，成年人积极工作实现自我价值，人与人之间保持良好、和睦的人际关系……每个人的积极行为都可以被视为在追寻幸福，以过上健康、丰盈的生活。

然而，在心理学诞生的一百多年中，最初，大多数心理健康领域的研究者和心理咨询工作者都更关注消极情绪，也就是心理疾病或心理障碍的发生原因、诊断标准及治疗方式。最权威的心理障碍诊断手册是美国精神医学会（American Psychiatric Association，APA）推出的《精神障碍诊断与统计手册》(The Diagnostic and Statistical Manual of Mental Disorders，DSM)，该手册的第一版于1952年问世，到2013年已发布第五版。可以看到，在心理健康领域，研究者和咨询师已深入探究什么是心理疾病、心理问题以及严重的精神障碍，也因而遇到了一些挑战：第一，在注重精神疾病的框架下，心理咨询师和研究者会忽视那些未达到心理障碍的诊断标准，或没有表现出明显的心理问题症状的人，但这不代表他们完全健康。心理健康不是一个单维度的结构，其评估不仅仅包括心理疾病（psychological distress）指标，也包括幸福感（well-being）指标。也就是说，心理健康不仅意味着一个人较少出现抑郁、焦虑、易怒等心理疾病症状，而且意味着他能体验到更强的自我价值感、幸福与快乐,有较稳定、平衡的情绪以及更多的社会参与(Massé et al.,1998)。第二,在一个人已经诊断出一定的问题和症状后,通常才会开始接受心理咨询与治疗。在此之前,大多数能够促进一个人的成长和发展,有益于形成良好生活的品质会被忽略。培养内在优势和心理韧性有助于在心理疾病尚未形成时改善人们的生活,增加幸福感,预防心理问题发生。

在这样的背景下,积极心理学(positive psychology)诞生了。塞利格曼(Martin Seligman)倡导的积极心理学主张研究一个人如何把握正确的人生,用科学的研究方法关注人类的积极心理力量,以提升人类的普遍幸福感。具体而言,就是探究哪些个体特质、内在优势品质、思维方式与能力,能够提高幸福感,缓解心理疾病症状,预防心理障碍,帮助我们获得丰盈、充沛的人生体验(Peterson,2006)。积极心理学也提倡在实证研究的基础上,围绕已被证实有助于提升幸福感与心理健康的积极心理品质,设计、策划、实施一系列干预方法,培养积极心理品质,这被称为"积极心理干预"(Parks & Titova,2016)。

幸福感与我们的哪些内在特质或环境资源有关?大多数人第一个想到的资源是钱。有钱能买到快乐吗?《中国经济生活大调查(2019—2020)》数据显示,年收入1万元以下的低收入群体并不是幸福感最低的人群,年收入超过100万元的高收入群体中也出现了许多觉得自己不幸福的人。金钱与幸福感之间并不是简单的线性关系,这结果似乎符合一种倒U形曲线,即中等收入的群体往往更幸福。

这就验证了心理学家的观点:幸福感不是由物质的充裕和富足程度决定的,而是一种主观上的体验,即主观幸福感(subjective well-being）。主观幸福感一般包括两个方面的指标：一是认知上评估自己对生活有多么满意（即生活满意度）；二是情绪上多大程度体验到积极情绪，而非消极情绪（即积极情绪和消极情绪的差值，或积极情绪与消极情绪的平衡）（Diener，1984）。虽然生活满意度和积极情绪在一定程度上会受钱等物质资源的影响，但外在条件充裕并不等同于幸福体验，能否体验到幸福更大程度上是由个体因素决定的。

生活满意度源于一个人对自己在大部分时间或持续一段时间内状态的整体性评估，是幸福感和心理健康的关键认知因素。研究者通常会使用迪纳等人（Diener, Emmons, Larsen, & Griffin, 1985）开发的《生活满意度量表》。该量表有 5 道题目，反映了一个人对自己的现实生活是否满足预期标准的认知判断，例如："我的生活的大多数方面都接近于我的理想。""我对我的生活很满意。"主观幸福感的情绪指标测评则大多采用沃森等人（Watson, Clark, & Tellegen, 1988）开发的《积极情绪与消极情绪量表》（positive and negative affect scales，PANAS）。该量表包括 20 个形容词，其中 10 个词描述了积极的情绪，如"兴奋的""快乐的"；另外 10 个词描述消极的情绪，如"难过的""害怕的"。研究者要求个体评价自己最近一段时间在多大程度上体验到这些情绪，根据"主观幸福感 = 生活满意度 + 积极情绪 – 消极情绪"的公式，计算主观幸福感的水平。

一些人会说："如果我得到了想要的东西，我就很幸福。"这体现了幸福感和需求满足程度有关。每个人都有内在需要，人本主义心理学家马斯洛（Maslow，1954）认为，人类的需要可分成不同的等级，由低级到高级分别是：生理需要、安全需要、归属与爱的需要、尊重的需要以及自我实现的需要。

另一个对内在需要进行分类的是自我决定理论（self-determination theory），它是20世纪80年代由美国心理学家德西和瑞恩（Deci & Ryan，1985）提出的一种积极的动机理论。它强调人天生拥有朝向整合和成长的倾向与能力，强调人类行为的自我决定程度，认为每个人都能够在充分认识自己的需要与环境条件的基础上，自由选择和决定自己的行为，从而走向自我实现，这样的行动过程被称为"自我决定"。自我决定理论认为，人类天生具有三种基本心理需要：自主性需要（autonomy）、能力感需要（competence）及关系性需要（relatedness）。自主性需要是指一个人在一定程度上决定自己行为的需要，即我们需要体验到自己的行为是有选择的、自愿的，而不是被迫的。小到我们日常生活里选择每餐吃什么、穿哪件衣服，大到选择工作、选择专业、选择人生理想，都体现了自主性的作用。关系性需要指对人际联系及归属感的需要，即获得来自周围环境或重要他人的关爱、支持与联结感的需要。我们感觉到身边的亲人、朋友和老师对我们是友爱的、支持的，我们有可以倾诉、一起玩耍的人，这就体现了关系性需要。能力感需要则是一个人能够胜任一定活动的需要，即我们需要在一定程度上对周围的环境施加影响以获得效能感——我们希望自己是有能力的，能够从事有挑战的工作（Deci & Ryan，1985，2000）。能力感需要体现为我们在日常生活中能够独当一面，完成自己的任务和工作等。

自主性需要是最主要的心理需要，但三种心理需要既可以独立发挥作用，又可以同时被满足；三种需要的满足还会相互促进。就如同植物需要养分，自我决定理论认为，这三种基本心理需要的满足是一个人维持心理成长、实现个人整合及获得健康与幸福感的源泉（Deci

& Ryan, 2010)。

一般来说，内在需求的满足依赖我们能够处在良好的发展环境中，例如从事一份热爱且略具挑战性的工作，有相对灵活的时间安排，拥有良好的家庭关系，等等。当外在环境存在某些压力或挑战时，我们就要想办法把幸福掌握在自己手中，因此，更稳定的方式是培养自我调整的能力，在相对具有控制性的环境中实现自己的需求，将幸福把握在自己手上。

汉斯幸福吗？

汉斯为主人做了七年工，准备回家，主人给了他一块脑袋那么大的金子。汉斯嫌金块太重，用它交换了一匹马；又嫌马儿不听话，交换了一头母牛；接着因为母牛没有奶，用它换了一头小猪；被人吓唬后，小猪又换为一只鹅；在磨刀人的诱骗下，用鹅换了一块磨刀石；最终，在井边喝水时，磨刀石掉入井里，他两手空空回到家。但他十分轻松地蹦跳着，他想，天底下没有比他更幸福的人了。

在格林童话《幸福的汉斯》中，汉斯用自己打工挣的金块进行了一系列交换，最后空手回到母亲身边。每次交换在别人看来他都吃了亏，但在汉斯看来，自己始终是幸运的，因为每一次交易都化解了他先前的烦恼。他用扛起来沉甸甸的金子换了马，卸去了累赘；他用难以驾驭的马换了母牛，免去了颠簸；他用母牛换了猪，因为不爱吃牛肉……最后，身上仅有的石头掉进水里，他卸去了一切负担。每一次交换，他看到的都是收获，当最后失去所有的东西时，反而感到自己是最幸福的。当然，童话故事使用了夸张的手法，可也印证了前文——幸福源于自己。

再看看汉斯一路偶遇的人，其中不乏好心人，但也有借机占便宜的人。我们在生活中同样会碰到形形色色的人，难免遭受挫折和打击。无论是被人欺骗还是碰到困难，很多人会自责和懊悔，反复思考："为什么偏偏是我？""只有我这么傻？"因而再次被伤害。能够给予自己幸福的人都明白，挫折是人生经历的一部分，不值得过久停留。自我关怀就是在充满压力、难免遭遇挫折的人生中收获幸福的秘诀。

处在高速运转的生活和工作中，能够意识到自己的情绪，正确地调整和管理消极情绪，使自己保持积极或稳定的状态是非常重要的。情绪智力（emotional intelligence）就反映了这样一种能力——人们能够识别自己与他人不同的情绪状态，处理好自身的消极情绪，并运用与情绪相关的知识指导自己的行为（Salovey & Mayer，1990）。例如，医护人员每天都需要面对处在病痛中的患者，为他们提供医疗帮助与关爱，但由于长期处于高压状态，医护人员容易出现职业倦怠或情绪耗竭的问题。情绪调控对于医护人员非常重要，不仅能够保护他们的心理健康，还能有效促进医患交流，培养和谐的医患关系。一项研究调查了美国纽约 3 家医院的 143 名护士，发现自我关怀和情绪智力具有较强的相关关系（$r = 0.55$），这说明具有高自我关怀特质的护士更善于识别自己和他人的情绪状态，能够更有效地进行情绪管理与调控（Heffernan，Quinn Griffin，McNulty，& Fitzpatrick，2010）。

人们也开始思考是否可以通过自我关怀训练或干预帮助医护人员提高心理健康水平。近期，内夫教授的团队设计了针对社区健康服务人员的自我关怀项目（self-compassion for healthcare communities program）。这个干预项目包含 6 个 1 小时的子单元，具体内容包括介绍自我关怀的概念，运用自我对话来练习自我关怀的思维方式，将自我苛责转换为自我友善，帮助处理情绪问题，以及慈悲心的训练等环节。结果发现，自我关怀项目确实能够提高幸福感，减少职业倦怠（Neff，Knox，Long，& Gregory，2020）。与医护人员相似，临床心理学家与心理咨询师也处在一个情绪消耗较大的工作场景中。他们需要倾听来访者的心声，接收较多负面的信息，还需要设身处地体会来访者的心情，同时保持客观视角以帮助来访者。大量共情容易让咨询师处于情绪枯竭或共情疲劳的状态中，自我关怀的练习对咨询师来说同样有益。

　　自我关怀能够帮助我们应对生活中的压力。心理学中著名的"耶克斯—多德森定律"（Yerkes-Dodson law）告诉我们，动机唤醒水平与任务表现是一种倒 U 形曲线。适当的压力能够推动工作的完成，但压力过大反而会对学习、工作效率有阻碍作用。长期处于压力状态会损害心理健康，这时候自我关怀就能够帮助我们抵御压力环境对心理健康的消极影响，在压力下仍然保持较积极的生活态度和情绪。例如，在亲密交往与亲密关系处理中，离婚被评为第二大压力事件，产生的压力仅次于丧偶。美国亚利桑那大学的斯巴拉等人（Sbarra，Smith，& Mehl，2012）探究了自我关怀对经历离婚等压力事件者的保护作用。这项研究招募了 108 名离异的成年人，让他们来到实验室中，首先用 30 秒时间在脑海里详细回忆前任的形象，接着对着录音机，用 4 分钟时间尽可能真实地说出自己对离婚的感受和想法，然后由 4 名专家根据录音内容对每位参与者的自我关怀程度进行编码和评定。研究结果表明，高自我关怀者离婚后的乐观和自尊水平相对较高，抑郁、依恋焦虑等问题相对来说也更少；自我关怀的积极效应还延续到 9 个月后——在 9 个月后的随访调查中，高自我关怀者从压力事件中恢复和适应的水平更高。

　　自我关怀的短期训练也能改善我们的心理状态。加拿大约克大学的研究者开发了一套为期 7 天的线上自我关怀干预方案，并探究其效果。参与者被随机分配到自我关怀干预组（63 人）、乐观干预组（55 人）和控制组（70 人），先填写一些有关抑郁情绪和幸福感的问卷，测评干预前的心理状况。然后，研究者要求参与者按照各组的指导语，连续 7 日进行干预训练，在最后一天再次完成相同的问卷，评估心理状态改善程度。在自我关怀干预组，研究者要求参与者像他们对待自己的好朋友那样，用理解和友善的方式对待自己，如在想象自己遇到困难时，尽可能写下对自己友善、支持的文字。在乐观干预组，参与者被要求想象自己在家庭、工作和学校生活中解决了很多当前的问题，拥有美好的未来，并写下自己将如何一步步走向这一未来。在控制组，研究者仅要求参与者凭借回忆，描述他们最近做了什么，生活中发生了什么，并把这些内容写下来。研究结果显示，相较控制组，自我关怀干预和乐观干预都能改善参与者在 3 个月和 6 个月后的心理状态（Shapira & Mongrain，2010）。与之相似，在另一项干预研究中，研究者招募了 52 名大二女学生，随机将她们分配到教授自我关怀技能的干预组（27 人）和教授时间管理技能的控制组（25 人）。在干预开始前，同样测量了女大学生的自我关怀、正念、乐观、自我效能感、积极与消极情绪等心理状态的基线水平。干预程序持续了 3 周时间，除了 3 次集体会议之外，干预组女大学生平时也需要练习书信写作及每晚睡觉前做慈悲冥想等，慈悲冥想内容包括默念"保持平静""善待自己""从痛苦中解脱"等 3 个环节。3 周后，再次测评女大学生的心理状态，发现两种干预都能提高其生活满意度和社会联结感，但教授自我关怀技能比教授时间管理技能更能提高女大学生的乐观与自我效能感（Smeets，Neff，Alberts，& Peters，2014）。

自我关怀对老年人也有特别的作用。如何应对衰老是老年人需要面对、解决的人生问题，因为老年人不仅面临着身体机能的退化、健康威胁，还要处理退休引发的人际交往减少、精神空虚、无意义和无价值感，在心理层面接纳衰老的过程。"积极老化"指面对上述与衰老相关的挑战，老年人仍能保持积极的态度和良好的自我感受，维持身心健康，积极参与社会生活。自我关怀对积极老化来说是一种重要的心理资源（Phillips & Ferguson，2013）。即便控制了年龄、感知健康、物质收入和文化程度等因素的影响后，老年人自我报告的自我关怀也显著正向预测了积极情绪、人生意义感和自我认同的整合程度，同时负向预测了消极情绪（Phillips & Ferguson，2013）。

尽管来自外部的力量，如积极的人际关系、良好的社会支持能够促进我们的心理健康，但源自内心的强大力量才能真正帮助每个人在压力下维持情绪稳定，获得充盈人生。

当坏情绪来敲门

遇到压力、挫折或失败时，每个人都不可避免地会产生消极情绪，如焦虑、沮丧和心情低落。这非常正常，消极情绪并非完全无益，尤其是从人类发展与进化的角度来看，消极情绪对于生存和繁衍具有重要意义。焦虑反应是为了让我们做好应对威胁的准备，适当的焦虑可以作为准备迎接挑战的信号（Bateson，Brilot，& Nettle，

2011），抑郁情绪和悲观心态也有一定的适应功能——当努力追求的目标可能会导致危险、损失、伤害时，消极情绪让我们考虑放弃这个目标，放弃冒险行动，规避风险（Nesse，2000）。

对于健康人，消极情绪只会持续短暂的一段时间，应激时间过去后，我们会重新振作起来。但如果消极情绪持续较长时间，影响我们的感觉、思考和行为，妨碍日常工作与社交生活，甚至引发手抖、头痛、肠胃不适等身体问题，就必须引起重视，去专业机构寻求帮助。消极情绪与心境障碍在持续时间和严重程度等方面都有所区别。就心境障碍或精神障碍而言，除了长期体验到消极情绪以外，其发病因素还涉及生物遗传、社会应激事件等，如童年经历、家族史、贫穷、离异、丧偶。接下来，我们主要讨论抑郁和焦虑这两种最常见的消极情绪持续时间过长时可能引发的心理障碍。

抑郁障碍与焦虑障碍

抑郁障碍（depressive disorder）常被称为"抑郁症"，可能是最被熟知的精神障碍。《精神障碍诊断与统计手册（第五版）》（DSM-5）中提到，抑郁障碍单次发作会在两周时间内出现多个症状，如每天大部分时间都显著而持久地存在低落心境，丧失对一切事情的兴趣；几乎每天都感到自己没有价值，沉浸于内疚、懊恼的心境中。我国的《精神障碍诊疗规范》（2020）将抑郁障碍的症状表现分为情感、躯体和认知症状。其中情感症状是核心症状，包括心境低落、无兴趣感、自我评价过低等。低落的心境还有可能呈现节律变化，如早晨起床时最严重，傍晚有所好转。躯体症状包括食欲衰退、体重减轻、睡眠缺失等异常行为表现。认知症状主要体现在注意力上，如思维迟缓、信息加工速度变慢等。抑郁障碍多数为急性或亚急性起病，诱发原因常与压力、打击有关。抑郁障碍是最常见的复发性精神疾病之一，还可能伴随其他精神障碍出现。

焦虑障碍的特点是过度恐惧和焦虑，以及出现与恐惧、焦虑情绪相关的行为障碍。恐惧是指面临具体的不利处境或处于危险中时出现的紧张反应，而焦虑是指缺乏相应的客观条件时出现的内心极度不安的状态，伴有紧张不安和自主神经功能失调等症状。

负面认知通常是治疗抑郁障碍的重点。抑郁障碍的认知理论基于信息加工的处理模型，通常认为过度概括、消极自我归因和自我批判是诱发抑郁情绪的关键认知偏差（Beck，2002）。有抑郁心境的人在遇到负面事件时更倾向于内部归因，即将当前不好的事件归咎于自身，遇到的一切困难都是自身错误造成的，出现"都是我不好"的念头。

人们的反应方式也会影响抑郁症状的持续时间。对抑郁症状反复思考，沉浸于消极心境，对症状可能的原因和后果不断分析的人，反而可能经历更长时间的抑郁，这是因为他们出现了反刍反应（ruminative response）。反刍反应会阻碍人们转移对症状的注意力，采取行动有效地解决真实存在的问题（Nolen-Hoeksema，1991）。后来研究者又将反刍反应分为反思（reflection）和沉浸反刍（brooding）。反思是一种相对客观、中立的概念，指一个人将注意力转向内部情绪，思考如何解决问题；沉浸反刍则是一个人反复思考当下不如意的处境和那些无法实现的理想，这会导致对自我和他人的批评，是与抑郁症状关系更紧密的因素（Treynor, Gonzalez, & Nolen-Hoeksema，2003）。

除了反刍反应外，完美主义（perfectionism）与抑郁之间的关系也被大量研究。翰威特和弗莱特（Hewitt & Flett，1991）认为，完美主义可分为自我导向型完美主义、他人导向型完美主义和社会规定型完美主义。自我导向型完美主义倾向于给自己设定高标准，并努力达到标准；他人导向型完美主义是为他人设定高标准，对周围的人，尤其是重要他人（如伴侣、父母）有很高的期望，要求苛刻；社会规定型完美主义指一个人感知到他人对自己的要求与期待很高，为了满足期待、得到认可而服从他人的要求。他人导向型完美主义与抑郁之间的相关并不明显；自我导向型完美主义虽然与消极情绪反应有一定关系，但同时也与积极应对有一定关联；社会规定型完美主义更容易引发自我批判和抑郁，这类完美主义者总是担心自己不能达到他人制定的标准（Dunkley & Blankstein，2000）。

过分自我否定和完美主义会让人进行不合理的上行比较，出现不准确、具有偏差性的社会判断，如："为什么别人都很开心，只有我快乐不起来？""为什么别人都那么优秀，我却什么都做不好？""根本没有人关心我，我看不到自己存在的价值。"这种"所有人在各个方面都比我好"的想法是不真实、不确切的。如果反复思考、体会消极情绪，就会不断揭开自己的伤口，甚至沉浸其中，使心灵的伤口无法愈合。

自我关怀：抑郁与焦虑的解药

自我批评与抑郁、焦虑等情绪体验紧密相关，自我否定的倾向在有抑郁和焦虑症状的人群中非常普遍。爱护自己就意味着不再批评和否定自己，不将自我价值建立在成功或失败上。自我关怀尤其应该出现在体验到挫折、失败时，此时更需要给予自己友善和理解以及成长的空间。

实证研究也证明了这一点：具有自我关怀思维和特征的人更少卷入反刍反应，面对负面事件时体验到更少的消极情绪（Leary, Tate, Adams, Batts Allen, & Hancock, 2007）。2012年，英国格拉斯大学的研究者麦克白和甘利（MacBeth & Gumley, 2012）进行了一项元分析研究，发现自我关怀和心理疾病症状存在中高程度的负向相关关系。他们对自我关怀的六个维度与心理健康的关系进行了更细致的分析，结果发现，无论是临床研究还是非临床研究，都有大量证据表明，自我关怀的积极维度（自我友善、普遍人性观与正念观）能够提高幸福感，与抑郁、焦虑具有负相关（Krieger, Altenstein, Baettig, Doerig, & Holtforth, 2013）；自我关怀中的消极维度（自我苛责、孤离感与过度沉浸）是抑郁和焦虑的强大预测因素（López, Sanderman, & Schroevers, 2018）。

善于自我关怀的人就不会有消极情绪吗？并不是。关怀心的积极作用是，产生消极情绪后，减少和降低消极情绪的持续时间和严重程度。当我们能够意识到每个人都会产生这种体验，并且用理解和友善的态度对待自己时，反刍思维就不占优势了，自然不会将消极情绪的影响不断延长和放大。自我关怀的思维方式可以被视作一种适应性情绪调节策略，它能够减少反刍反应和忧虑，缓解抑郁与焦虑体验，同时降低抑郁障碍复发的可能性，对心理健康有长期保护作用（Bakker, Cox, Hubley, & Owens, 2019; Diedrich, Grant, Hofmann, Hiller, & Berking, 2014）。自我关怀还可以作为一种心理弹性（resilience）因子，调节消极情绪与抑郁、焦虑等心境障碍之间的关系，即善于自我关怀的人即便暂时处于低落的情绪中，出现病理性抑郁或焦虑障碍的可能性也较低（Trompetter, de Kleine, & Bohlmeijer, 2017）。

要想心理健康，首先要自助。荷兰的研究者探究了"关怀他人"与"关怀自我"对心理健康的预测和促进作用（López, Sanderman, Ranchor, & Schroevers, 2018）。他们向荷兰的五个城市的居民发放问卷，共回收了 328 份数据，问卷作答者的平均年龄为 57 岁。他们发现，关怀他人与个体的积极、消极情绪没有明显关系，而关怀自我与积极情绪具有显著的正相关关系，也与消极情绪和抑郁症状有显著的负相关关系。

有些抑郁障碍患者就算意识到自我关怀很重要，也会认为自己做不到，当前的心理障碍和消极经历似乎让他们很难具有自我关怀的能力。但这并不是事实，已有的基于临床的干预实证研究都取得了比较理想的结果，一些研究甚至发现，即使是重度抑郁障碍患者，在进行自我关怀的干预与训练之后，不良的心境也会有明显改善（Diedrich, Grant, Hofmann, Hiller, & Berking, 2014）。自我关怀的训练还能够应用到其他临床领域，如当一个人身体不适，尤其是患糖尿病等慢性疾病时，其情绪会对病情的发展和身心康复产生影响，而自我关怀在缓解患者的抑郁、焦虑情绪方面具有重要的应用价值（Friis, Johnson, Cutfield, & Consedine, 2016）。

自我关怀还与许多有利于长期发展的积极特质相关。一项针对大学生的研究表明，自我关怀和一个人的乐观、智慧、主动性、好奇心以及探索精神都具有正相关关系，与大五人格中的宜人性、外倾性和尽责性也具有显著的正相关关系，与反映情绪波动的神经质具有显著的负相关关系（Neff, Rude, & Kirkpatrick, 2007）。还有研究者发现，自我关怀与认知灵活性具有中等程度的正相关关系，也就是说，善于自我关怀的人可能更灵活、变通，不那么教条主义，处理难题时更能发挥创造力，探索更多的解决办法（Martin, Staggers, & Anderson, 2011）。

社会性疾病：异常进食行为

"瘦"时代：进食障碍的成因

过去，异常进食行为（disordered eating behavior）曾被认为是西方文化特有的产物。但随着我国经济快速发展，人们的饮食追求不再是单一的"吃饱"，同时伴随西方文化的渗透及媒体的过分渲染，追求"瘦"逐渐成为新时代审美的标签。异常进食行为开始进入中国民众的视野，成为不容忽视的威胁国民生理、心理健康的社会问题。

异常进食行为是指未达到诊断标准，但采用极端策略控制体重的进食行为，包括过度节食、催吐、服用减肥药和泻药等（Lee & Vaillancourt, 2018）。它与抑郁、物质滥用等密切相连（Feng & Abebe, 2017），导致自杀率和死亡率的升高（Crow et al., 2012），也极易发展为进食障碍（Neumark-Sztainer, Wall, Larson, Eisenberg, & Loth, 2011）。

进食障碍（eating disorder）是一种以异常进食为特征的精神疾病，具有多样化表现，包括神经性厌食、贪食、暴食及其他非典型异常进食行为（DSM-5, 2013）。进食障碍对个体的心理与身体健康具有严重危害，甚至威胁生命安全。我国完全达到进食障碍诊断标准的人群占总人口的 1%（Huang et al., 2019）；美国研究者 2007 年对密苏里州的调查显示，能被诊断为暴食障碍的人大约占全州总人口的6.6%（Grucza，Przybeck，& Cloninger，2007）。有大量的人处于正常进食和进食障碍之间的"中间状态"，即存在不同程度的异常进食行为（陆晓花，张宁，2006）。

异常进食行为和进食障碍的发生率存在性别差异，一个较稳定的趋势是，女性相较男性更容易有身体焦虑，更容易产生异常进食行为。在年龄特征上，86%的异常进食行为发生在青春期与成年初期，年轻女性因而成为最易感人群（Cartwright，2004）。在大学，恋爱、求职等话题使大学生在形象上的社会比较明显高于中学生，女大学生会更关注自己的外貌与身材。她们逐渐远离父母的监督和陪伴，对美貌的追求、对身材的不满，极易诱发她们采用不恰当的方式控制体重，这使女大学生产生异常进食行为的风险明显高于其他群体（Berg，Frazier，& Sherr，2009）。近年来，对上海3所女生较多的大学的调查表明，进食行为存在异常现象的人群比例最高达到30%（民生周刊，2019）。

有进食障碍或异常进食行为的人对食物的态度是，既抱有敌意又心存渴望。他们经常出现这类行为：要么不吃，要么就吃到停不下来；在下一次节食前暴饮暴食；压力大和感到无聊时就狂吃；平时不运动，只有在节食减肥的时候才运动；吃了不该吃的食物时会感到内疚、自责，引发更多的暴饮暴食。很多人最开始是为了减肥，吃东西设置非常多的限制，追求低热量饮食，甚至不吃东西。部分人还会通过催吐等方式把吃下的食物呕吐出去。后来节食和暴饮暴食会长时间反复交替，这种交替会不断加深一个人的挫败感，使其失败后总是期待下一次的减肥计划。甚至只要出现减肥的念头，暴食的欲望就会产生。在长时间用意志对抗食物,把食物当作敌人的过程中,他们已经失去饥饿感和饱腹感,错误地将吃东西作为排解压力的方式。饥饿、暴食再加上催吐,会对身体机能造成严重损伤;一次次的失败也会加重自责,让一个原本开朗、阳光的人变得自卑、无助。

异常进食行为可以被看作一种社会性疾病,其成因包含社会文化环境、家庭等人际因素以及个人心理诱因等(图 2-1)(Pennesi & Wade,2016;Polivy & Herman,2002)。

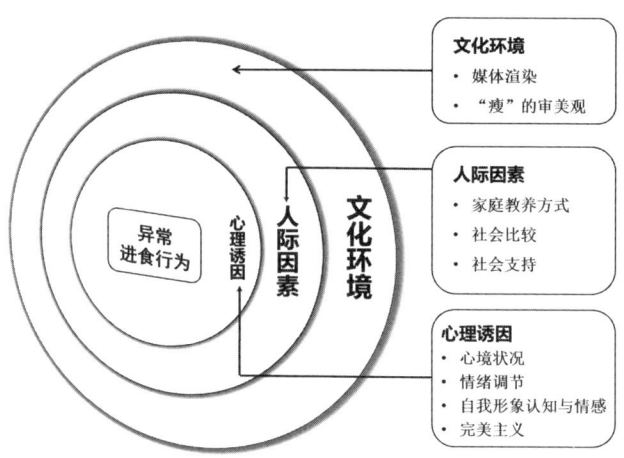

图 2-1 影响异常进食行为的因素

首先,进食障碍者往往会先感受到来自环境的压力,这种压力会与其身上的自卑、情绪低落等共同作用,助推进食障碍的发生(Raffi, Rondini, Grandi, & Fava, 2000)。在文化环境中,近几十年来,崇尚纤细身材的观念不断深入,媒体对"以瘦为美"进行了大量商业渲染,如网络上热搜的"A4 腰""蚂蚁腰",无不影响着人们对"美"的追求。网络及媒体的报道总是在说哪个明星又瘦了,哪个明星变胖了,哪个网络主播推荐了一种减肥方法;打开购物网站,也总是在推荐减肥神器、代餐食物,"减肥"这两个字每天都扑面而来。这种社会环境带给人极大的身材焦虑和压力,尤其是女性,更易受影响。当一个人的体重过"重"(事实上,这种"重"也在健康体重范围内),就必须面对社会的压力,甚至需要面对这样的流行观点:无法控制体重的人是没有自控能力的人——"连自己的体重都管不住的人,怎么可能成功?"最可怕的是,这种潜移默化的观点会让当事人也认同,如果自己不能成功减肥,就是一个没有自控能力的人,是个没用的、差劲的人。这种环境必然导致更多的异常进食行为。

其次,外层文化风气也会影响人际环境,进而助推异常进食行为。例如,人际社会比较会增加异常进食行为发生的可能性:在学校里被同伴嘲笑身材(Lunner et al., 2000),或者因朋友圈的减肥风气感受到社交压力,都会诱发女性对身材的担忧(Gondoli, Corning, Salafia, Bucchianeri, & Fitzsimmons, 2011)。直接对异常进食行为产生影响的人际因素是家庭环境与父母的教养方式。父母对孩子的强制性控制,对孩子持拒绝或冷漠的态度,在情感上缺乏回应,以及过度保护等消极教养方式,都会成为孩子出现异常进食行为的潜在诱发因素(Haworth-Hoeppner, 2000;陆遥,等,2015)。进食障碍患者的家庭观念常常更强调完美主义,克制情感表达,父母会对孩子有较多干涉,甚至侵犯孩子的隐私(Rorty, Yager, Rossotto, & Buckwalter, 2000)。厌食症与贪食症患者的家庭更可能是疏离的、情感淡漠的,会存在较大的冲突、矛盾等(Le Grange, Lock, Loeb, & Nicholls, 2010)。缺少家庭沟通和父母关爱,或遭受父母虐待的青少年患进食障碍的风险更高（Haudek, Rorty, & Henker, 1999）。父母没能在孩子的幼年期建立安全、稳固的家庭环境，可能是导致其长大后出现进食障碍的原因之一。有些厌食症患者甚至会通过限制饮食让自己日渐消瘦，以拥有和享受家人对自己的关心。

对于患进食障碍的女孩，母亲常常扮演关键角色。进食障碍患者的母亲会对女儿的身材有更严苛的要求，认为女儿应该减掉更多的体重；这些母亲自身也容易出现进食问题（Hill & Franklin, 1998）。自身存在异常进食行为的母亲一方面以耳濡目染的方式给孩子做了不良示范；另一方面，她们的批评也会诱发孩子产生更严重的身材焦虑，增加发生异常进食行为的可能性（Ogden & Steward 2000; Smolak, Levine, & Schermer, 1999; van Furth et al., 1996）。如果母亲患进食障碍，她们在早期喂养孩子的阶段就会担心孩子的体重（Whelan & Cooper, 2000），后代会有更大的患进食障碍的风险（Agras, Hammer, & McNicholas, 1999）。

最后，异常进食行为还存在明显的个体心理诱因。进食障碍者在人格上有一些典型的症状，如完美主义、低自尊、悲观等，总觉得自己不够好，常常对自己有苛刻的要求。对自我身体形象的认知和情感（即对自己身体的感知、想法和感受）同样影响女性的异常进食行为。高自我客体化的女性更会将身体视为物体，习惯性和持续性地监控自己的外貌与身材，并与社会理想形象作比较，开始出现指向外貌和身材的羞耻感、不满意与焦虑，引发异常进食行为（Keery, Van den Berg, & Thompson, 2004）。

情绪调节能力在异常进食行为中有重要意义。有些压力性进食者没有习得排解压力的正确方式，情绪调节能力较差，就开始用食物来排解压力。消极情绪和心境会增加女性通过异常进食来逃避压力的倾向（Maraldo，Zhou，Dowling，& Vander Wal，2016）。情绪调节能力差的人不但会因为完美主义和内心的不自信而要求自己快速瘦下来，还会在偶尔失败后出现强烈的自卑和焦虑等消极情绪，更容易导致进食障碍（Harrison，Sullivan，Tchanturia，& Treasure，2010；Brockmeyer et al.，2014）。这类女性难以清晰地认知自己的情绪并采取有效的调节策略（Lafrance Robinson，Kosmerly，Mansfield-Green，& Lafrance，2014）。对于情绪调节能力较好的人，尽管也可能因为不满意自己的身材而出现焦虑、自我怀疑等情绪，但他们更善于处理情绪，即便会暂时消沉，也不会苛刻地对待自己。

设立合理目标

理性地看，慢慢减少食量和适当运动是最好的保持健康体重的方式，但我们不是机器人，我们的行为受复杂的社会心理机制的影响。同样生活在一个以瘦为美的社会中，自我评价比较客观和积极的人不容易怀疑自己、批评自己或者陷入悲观情绪中。无论外界怎么说，他们会对自己有比较清晰的判断："我不如明星瘦，可是我觉得自己也挺好。""我可能有一点胖，瘦一点应该会让我更健康、更自信。"不幸的是，如果因为外界的压力而不满甚至厌恶自己的身体，就很可能引发异常进食行为。

旁观者可能会认为，暴饮暴食的人自制力差，但这是一种误解：很多进食障碍患者恰恰是对自我要求很高的完美主义者。控制饮食和其他行为方面的极端需要是进食障碍患者的核心特征（Fairburn，Shafran，& Cooper，1999），不恰当的减肥目标和极端心态才是导致进食障碍的重要原因。最开始决定要控制体重时，所设立的目标会影响一个人的心态。如果一个人想通过控制体重、维持良好的体态来得到别人的爱，潜台词就是"我身上没有其他的优点可以吸引别人了，我只能靠保持身材的完美来得到别人的注意"。这种自我否定的心态在控制体重的过程中非常容易让人因为偶尔的情绪波动而心理崩溃、情绪失调，陷入暴饮暴食的循环。

从目标来说，很多人会给自己定过于困难甚至损害身体健康的目标，如无论自己初始体重是多少，都想一个月瘦20斤。目标本身就是不合理的，一旦达不到，失败的体验就足以让人崩溃了。当进食障碍患者在一件事上失败了多次，他就不相信自己可以真的成功，认为自己太差劲了，别人可以做到的事情自己却做不到，这在心理学上叫作"习得性无助"（learned helplessness）——即使不想放弃，但内心早已认定自己不行。这种消极的自我评价很容易导致暴饮暴食，用食物去逃避那个自我厌恶的自己（Qi & Cui，2019）。

控制体重的过程中还容易出现萦绕不去的极端思维。例如，有减重念头的人肯定都做过这样的功课：计算食物的卡路里，研究什么样的食物最健康，只吃健康食品，拒绝"垃圾食品"。保持健康饮食本身是一件好事，但如果过于严格，就会出现有时候明明很渴望一种食物，却因为它属于禁忌食物而不能吃。它带来的影响有两种：一是对自己的饮食设下诸多禁忌，食物非好即坏，非常苛刻地计算热量和成分；二是节食就要完美执行自己的计划，一旦吃了不该吃的，就感觉糟糕透了，想要放弃一切从头再来。当一个人下定决心从明天起重新开始，就会在今天抓紧最后的时间填满自己的胃，抓住机会拼命吃，在极端限制饮食与过度进食两种状态中循环。

第二章　自我关怀：成就幸福的力量

对大部分进食障碍患者来说，如果想要走出节食、情绪失控、暴饮暴食的怪圈，首先要做的就是放弃对食物的执念，更根本的是认可自己的价值。焦虑、抑郁等消极情绪都会成为进食障碍的诱发因素，与这些情绪和平相处是与食物和平相处的关键。要做到这一点，我们可以从自我关怀入手。

自我关怀与进食障碍

虽然自尊通常被认为是激发内在力量的一种品质，但元分析的结果表明，自尊和进食障碍之间的关系没有想象中那么紧密（Linardon, Kothe, & Fuller-Tyszkiewicz, 2019），原因可能是我们在第一章中提到的，过于强调和维护自尊会让人产生不稳定的自我价值感。自我关怀为我们提供了稳定的自我价值，降低了因不完美身材而产生的羞愧感与消极情绪，对预防异常进食行为发挥重要的保护作用。一系列研究证明了这一点：进食障碍患者的自我关怀水平显著低于正常人（Kelly, Vimalakanthan, & Carter, 2014）；在有异常进食行为的群体中，自我关怀者更不容易采取损伤身体的极端行为（Magnus, Kowalski, & McHugh, 2010），各类异常进食行为都更少（Braun, Park, & Gorin, 2016）；自我关怀者对饮食、体重和身材的担忧都更少，较少限制饮食（Wasylkiw, MacKinnon, & MacLellan, 2012）；自我关怀与对身体的不满和对苗条身材的追求存在负相关（Pinto-Gouveia, Ferreira, & Duarte, 2014），与对自己身体的欣赏和满意存在正相关（Homan & Tylka, 2015; Pisitsungkagarn, Taephant, & Attasaranya, 2014）。

自我关怀特别适用于应对情绪性进食。情绪性进食指人们用进食缓解压力和消极情绪的行为倾向（Bruch，1973），通常是因为无法调控焦虑、抑郁等情绪，包括在过往生活中没有学会正确管理情绪的方式。当一个人的自我价值受威胁，他就更容易出现过度进食或情绪性进食（Wallis & Hetherington，2004）。自我关怀能够使人正视消极情绪，把消极情绪视为生命中的过客，能够与其和平相处，因而可以预防情绪性进食。实践层面的证据显示，在经过自我关怀干预后，进食障碍患者的异常进食症状会有不同程度的减轻（Turk & Waller，2020；Ferrari et al.，2019）。

自我关怀如何缓解异常进食行为？它与我们之前提到的诱发进食障碍的保护因素或风险因素有什么关系？一些研究者通过元分析探究自我关怀帮助个体减少异常进食行为的原因（Braun et al.，2016）。证据显示，自我关怀确实可以直接减轻个体对身体形象的不满，减少与异常进食相关的症状，包括对体重的担忧以及为了控制体重过度运动。

自我关怀还能通过多种途径间接减少异常进食行为：第一，自我关怀可以减少诱发异常进食行为的早期风险因素。例如，善于自我关怀的人更少将不健康的审美标准内化为自己的理想身材标准，更少自我客体化，有更低的身材羞愧感和更高的身材满意度（Braun et al.，2016；Tylka, Russell, & Neal，2015）。第二，作为一种保护因素，自我关怀能与风险环境发生交互作用，削弱外界压力对个体异常进食行为的影响。这就是说，即使面临同样的风险环境，自我关怀者的异常进食表现会更少。例如，自我关怀能帮助个体将与消极身体形象相关的负面效应转换为积极影响，开始健康饮食；自我关怀也能缓解消极自我形象对幸福感的影响（Duarte, Ferreira, Trindade, &

Pinto-Gouveia，2015；Hilbert et al.，2015），即同样体验到消极的身体形象，自我关怀者不太容易感到不快乐。第三，自我关怀可以阻断风险因素起消极作用的中间环节。我们曾提到，导致进食障碍的危险因素可能来自社会文化环境、人际因素以及个人心理诱因。自我关怀者会更少根据外表来判断自我价值，也更少进行社会比较（Homan & Tylka，2015）；自我关怀不仅能提高生活满意度等心理健康指标，也能提高关系需求的满足感和促进亲社会行为（Yang, Guo, Kou, & Liu，2019），这些都有利于预防异常进食行为。例如，自我关怀会促使女大学生接纳自身的不完美，避免沉浸在对外貌的苛责中，在应对外貌压力时采取更积极的方式和情绪调节策略（Neff, Hsieh, & Dejitterat，2005），减少女大学生的异常进食行为。

\\\ 试一试 \\\

改善进食障碍和异常进食行为，首先需要调整心态，这正是自我关怀所强调的。

假如你已经减肥多年，长期限制饮食，非常关注食物成分表，凭借卡路里来判断一种食物该不该吃，你就可能陷入唯"热量"的怪圈，忽略了食物的营养成分，也忽略了这种极端控制可能导致的心态崩溃。

心态调整就是要相信自己，爱自己。你要相信自己很清楚吃什么、吃多少是最合适的，不用刻意控制自己的欲望。这时候有人可能会担心：如果我真的不克制自己，现在就买一大堆东西回来吃，不就是暴饮暴食吗？这就是自我关怀与自我放纵不一样的地方。当一个人真正爱护自己时，是可以正视暴饮暴食这件事的，可以在下次转换为更健康的行为。

请尝试与自己对话："很多人都会在减肥或者有压力的时候暴饮暴食，这很正常，并不是因为我是一个没有自制力的人。但以后我可以换一种更健康的缓解压力的方式，比如出去跑个步。""虽然我现在有点超重，但我有很多优点，我本来就很美，我的眼睛很好看。如果我能保持健康的饮食习惯，可以让我的优点更明显，身体更健康。"人无完人，自我关怀会让我们看到自己身上的优点，包容自己的缺点。当我们能够对自己传达善意，就不会对一点点小失误太过计较，这基本上已经是成功的第一步了。

进食障碍患者最初的压力源可能来自外界，但后来的压力往往都来自自己，告诉自己"我可以不减肥"就是一个很好的缓解压力的方式。如果一个女孩马上就要参加朋友的婚礼，可能会要求自己赶紧瘦下来，但这反而会让她产生很大的压力，很容易适得其反。这时不如反过来告诉自己："我不用在婚礼之前减肥，这没什么重要的，人这一辈子需要参加的活动可多着呢，不需要非得在这一次减下来。"

自我关怀与健康行为

我们身边应该都有这样的人，他们拥有健康的体态但并没有什么苛刻的饮食禁忌；他们有时候会吃甜品、烧烤、比萨等高热量食物，但吃饱了就停，不会过量。这是一种直觉进食（intuitive eating），即凭借身体的自然信号进食——饿了就吃，饱了就停下来。

想要实现直觉进食需要了解饥饿感是身体对特定事物的反应。直觉进食者明白吃东西是为了满足身体的需要,而不是为了缓解压力与消极情绪,因此会选择能帮助身体运转得更好的食物。无论是在青少年还是在成年人当中,自我关怀都能够正向预测直觉进食,这是因为能够欣赏和接纳自己的身体是正常饮食、健康生活的稳定预测因素(Avalos & Tylka,2006)。

正念饮食(mindful eating)也是一种非常流行的方法,它侧重于在进食过程中专注当下,把注意力放在品尝和咀嚼食物上。以正念为基础的方法对于解决暴饮暴食和情绪性饮食等问题相当有效(Warren, Smith, & Ashwell, 2017),当我们留意食物的风味,意识到食物对我们生存的重要意义后,我们也更容易在进食过程中获得饱腹感与心理上的满足感,这种体验恰恰能让我们停下暴饮暴食的举动。增加自我关怀的训练对于提高个体对身体形象的积极看法有良好效果,这能进一步促进正念饮食,减少异常进食行为(Taylor, Daiss, & Krietsh, 2015)。

自我关怀对健康的影响并不局限于进食行为,它还能促进其他有利于健康的行为,如每天锻炼 20 分钟等。2015 年,西罗伊斯等研究者(Sirois, Kitner, & Hirsch, 2015)对自我关怀和健康行为之间的关系进行了元分析,发现自我关怀与这些健康行为之间存在显著正相关($r = 0.25$),自我关怀者的饮食更均衡,也更坚持及时就医等对健康有利的行为。研究者们通过间接效应检验发现,自我关怀之所以能够增加健康行为,是因为自我关怀增加了人们的积极情绪。自我关怀还能显著正向预测 40—65 岁年龄段人群的体育锻炼以及锻炼中体验到的自我效能感(Hallion, Taylor, Roberts, & Ashe, 2019)。

自我关怀对于慢性病也有积极作用(Sirois & Rowse, 2016)。患有慢性疾病通常需要长时间进行健康管理,如定期诊断、服药、检测血压、控制压力和体重等。长期保持健康的生活方式并不是容易的事，一旦出现无法调节的压力，就可能使慢性病患者陷入自我苛责中，反而不利于身心健康。

加拿大麦吉尔大学与英国金斯威大学的研究者还探究了自我关怀干预（"基于想象的自我对话"方案）对吸烟行为的影响。研究结果显示，在经过三周的干预训练后，接受自我关怀干预的参与者，其吸烟行为明显更少；对于做好改善准备的参与者，自我关怀干预训练的效果更佳（Kelly，Zuroff，Foa，& Gilbert，2010）。

免于伤害：自我关怀与创伤经历

创伤后应激障碍

创伤事件一般指超出日常生活经验的重大事件，它对当事人的影响通常是巨大的。心理创伤指创伤经历引发的心理反应或导致的疾病。心理创伤最早得到美国心理学家关注，是因为回到美国的越战老兵出现严重的心理疾病。这些老兵经历了残酷的战争，看似重新回归了正常生活，但心理上远未平静——他们眼前常常会闪现战场片段，耳边能听到枪炮声，依然体验到痛苦，夜里出现失眠等问题。心理学家和医生由此开始关注一种特殊的心理疾病——创伤后应激障碍（post-traumatic stress disorder，PTSD）。

创伤应激源通常是难以承受的经验，创伤后应激障碍指一个人自身经历或目睹他人的实际死亡，或遭遇死亡的威胁、严重的创伤后，延迟出现的一系列反应，包括闪回、麻木、悲伤、过度警觉、物质成瘾和攻击行为等。创伤一般可以分成Ⅰ型创伤和Ⅱ型创伤两大类。Ⅰ

型创伤指一次性创伤，如自然灾害、交通事故、强奸、暴力犯罪、亲人去世等；Ⅱ型创伤则是反复积累性创伤，如战争、儿童期虐待、家庭暴力等。有创伤经历的人会伴随较低的生活满意度、幸福感，认为自己的生活质量下降（Afifi，McManus，Hutchinson，& Baker，2007；Anda et al.，2006；Herrenkohl，Klika，Herrenkohl，Russo，& Dee，2012）。当创伤反应变得较严重并具有持续性时，就可能发展为创伤后应激障碍。

根据我国的《精神障碍诊疗规范》（2020），创伤及应激相关障碍的流行病学患病率在不同类型的应激事件上差异较大。例如，暴力犯罪幸存者急性应激障碍的发生率为19%—33%，交通事故幸存者应激反应障碍发生率为1.6%—41.1%，而家庭暴力受害女性创伤后应激障碍的患病率约为19%。在一些重大或公共危机事件发生后，美国老兵群体中战争相关创伤后应激障碍的患病率为2%—17%；美国"911"恐怖袭击幸存者创伤后应激障碍的患病率为7.5%—11.2%；我国唐山大地震产生的孤儿18年后的创伤后应激障碍的患病率为23%，30年后仍有12%的患病率；我国汶川大地震1—3个月后创伤后应激障碍的患病率为12.4%—86.2%，6—36个月后的患病率为8.8%—41%，5年后的患病为9.2%—13.8%。

创伤后的痛苦与成长

经历创伤事件后人们的典型反应是回避创伤经历，也就是远离那些引发不舒服的想法、情绪的特定情境（Hayes，Wilson，Gifford，Follette，& Strosahl，1996）。在创伤暴露（发生创伤事件）后，与创伤相关的线索可能会诱发恐惧反应，进而引发回避行为，但长远来看，回避倾向不利于从创伤后应激障碍中恢复（Marx & Sloan，2005）。研究发现，在经历日常的负面事件后（如自己犯的错误），自我关怀者更少采用回避型策略，他们会选择直面负面情绪，尝试弥补错误（Leary，Tate，Adams，Batts Allen，& Hancock，2007）；自我关怀者在经历创伤后同样较少回避，而是接受自然暴露，所以自我关怀者的闪回体验和过度应激反应都更少（Thompson & Waltz，2008）。

　　除了回避与创伤有关的情景外，创伤后应激障碍患者往往有较消极的社会反应与社会行为。责备受害者是一种常见的社会偏见。一些偏见持有者倾向于对受害者的经历进行个人的、内部的归因，如认为性侵事件的受害者自己也有问题（如穿短裙子）。这是一种相当典型的受害者污名化，被污名化的受害者更可能产生自我责备和自我批评，引发创伤相关症状。受害者可能会对自己的遭遇产生灾难化的不合理认知，过度沉溺在消极情绪中。从这个角度分析，在创伤事件中自我关怀也能发挥积极的保护作用。研究发现，受到性侵等伤害以后，自我关怀者较少对自己的行为和性格感到自责和羞愧，也较少体验到抑郁等消极的创伤后情绪反应（Hamrick & Owens，2018）。有研究调查了经历不同创伤事件的大学生，结果发现，创伤类型的影响并不明显，自我关怀对这些大学生的心理健康都有积极的预测作用（Seligowski，Miron，& Orcutt，2015）。美国的研究指出，美国退伍士兵更容易面临心理疾病、情感或人际关系上的危险因素，该群体自杀的风险也特别高，但自我关怀是一种较为稳定的保护因素，能够降低退伍军人的自杀风险，并且与抑郁、创伤后应激障碍症状、愤怒、羞愧等均呈现强负相关（Rabon et al.，2019）。

　　经历重大创伤事件的人还可能面临外界的排斥、孤立，这些社会关系方面的消极因素会加重创伤后应激障碍症状。例如，对于经历了丧子之痛的失独家庭，社会支持非常重要，但在实际生活中，这类家庭获得的社会支持，尤其是情感性社会支持非常少，由此引发更严重的抑郁、焦虑等情绪（Jacobson, Lord, & Newman, 2017）。他们可能会发现，身边没有什么人能够倾诉，有一种被孤立的感觉。因为人们总是避讳谈及死亡与丧亲，有意无意地避开这个话题。实际上，周围的人也不确定他们是否真的想谈论伤痛的经历。尽管社会支持很重要，但对他们而言，更应该意识到，在这种时候自我关怀可能更直接、有效，能够给予自己莫大的支持。

\\\ 小贴士：如何面对经历了丧亲之痛的人？\\\

我们很容易因为避讳死亡或者担忧对方承受不了痛苦而回避谈论已经去世的人，但我们需要意识到，经历丧亲之痛的人往往缺少诉说痛苦的途径。在他们情绪稳定的情况下，我们可以尝试询问，他们是否愿意谈论这个话题。如果得到肯定的答案，请和他们谈一谈你们共同在乎的这个人。如果能够将一些过去的美好回忆讲给丧亲的人听，这对他们来说会是很大的安慰。

虽然经历过创伤的人会有各种消极的情绪反应，但还有一些人会从这些经历中感悟到人生新的可能性，改变日常生活的态度，发展出良好的人际关系，心理学上称之为"创伤后的成长"（posttraumatic growth, PTG）。创伤后的成长是经历了重大的负面生活事件后，个人在抗争的过程中在价值观、人际体验和自我觉知方面的发展超越了事件发生前的水平（Tedeschi & Calhoun, 2004；刘艾祎，王文超，伍新春，田雨馨，2020）。常见的创伤后成长经历包括从负面经历中获得智慧，增强与重要他人之间的关系，能够接纳生活中的不确定性，以及以更开放的态度面对生活（Calhoun & Tedeschi，1999）。

　　已有不少研究发现，自我关怀和创伤后成长有关。一项调查了601名经历过重大负面生活事件的大学生的研究显示，自我关怀的三个积极维度促进了创伤后的成长，这是因为自我关怀帮助人们提高对生命意义的感知，带来良好的发展（Wong & Yeung，2017）。自我关怀者能够面对现实，接受过去的经历，重新寻找生命的意义，实现自我提升。另一项由北京师范大学研究团队开展的对雅安地震中幸存的499名青少年的调查研究发现，自我关怀可以正向预测地震4.5年后青少年创伤后成长的程度（刘艾祎，等，2020）。实践研究也验证了自我关怀干预的作用，研究者对癌症康复者进行在线视频干预，让他们学着用对待好朋友的方式对待和关怀自己，发现康复者的抑郁、焦虑、社会孤独感等体验均有减少，创伤后成长水平显著提高（Campo et al.，2017）。这表明自我关怀不但能够帮助经历过创伤的人平复内心的伤痛，还能够促进积极的转变，实现自我成长。

第三章

爱自己，爱他人：
自我关怀的社会功能

人天生是社会存在物，社会属性是人最根本的属性。我们每天都与社会环境及环境中的不同对象发生着互动——与社会中的他人相联系，受所处社会环境的影响，又影响周围的社会环境。社会互动的顺利进行、社会功能的良好实现是人类得以进化和发展的重要动力。

我们对自身的关爱态度能否延伸、拓展到与他人或社会的相处之中？换言之，自我关怀这一指向个体内部的积极特质，能否促进人际互动、人际关系与社会适应呢？我们将通过讨论自我关怀与个体社会功能的关系解答这一问题。

自我关怀者如何与他人相处？

"爱自己"意味着更自私、更无情吗？

在我们成长的过程中，父母、老师常会提倡考虑他人的感受，设身处地地为他人着想。许多人对自我关怀有"误解"：听到提倡"爱自己"，就担心"爱自己"的人会更自私、更无情。学习理解他人的处境，拥有同理心，与对自己的友善矛盾吗？提倡自我关怀意味着放弃对他人的关爱吗？在此，我们需要讨论一下人际关系中指向对他人的关爱的三种品质——共情、感恩与宽恕。

先来谈谈共情。如果对心理学中的术语"共情"或"同理心"（empathy）比较陌生，不妨将它视为一种"换位思考""设身处地"或"将心比心"的态度。拥有这种态度非常重要，它意味着我们能够设身处地地理解他人的想法和感受，体会并分享他人的情绪体验，也就是能够站在他人的角度看待和理解他们的处境，然后将这种理解和体会反馈给对方（李松蔚，邵瑾，2018）。想象一下，当我们在工作中遇到不顺心的事情，向朋友倾诉："老板在我快下班的时候布置了新的工作，晚上又要熬夜了。"朋友小 A 回应："你跟我说也没用啊，不喜欢就辞职呗。"朋友小 B 回应："是啊，这也太辛苦了，总是熬夜肯定不好受。"你感觉与哪位朋友更亲密一些？大部分人都会选择朋友小 B。朋友的共情会让我们感觉被接纳、被包容、被友善地对待，这种温暖的感觉会促进情感联结与亲密感，提高人际关系的质量。

在心理学的探索中，已有大量研究验证了同理心或共情能力对人际关系的作用。例如，研究者通过问卷调查了处在恋爱关系中的情侣，发现越善于共情的男性，其人际关系质量越高，他们的伴侣感知到的关系质量也越高；双方也会对情侣关系有更高的满意度（Ulloa, Hammett, Meda, & Rubalcaba, 2017）。在另一项研究中，研究者想要探究共情训练能否改善初中生的人际关系，他们选择了两个班级，一个班作为实验班，每两周安排一次以共情为主题的课程；另一个班作为对照班，安排学校原本就有的心理辅导课程。结果显示，一开始，两个班级的学生在共情水平和人际关系质量上得分基本相同；但在课程结束后，接受共情训练的实验班学生的共情水平和人际关系质量都有明显提升（聂宏斌，等，2018）。近年的一项元分析研究也发现，接受与共情相关的冥想训练，如同情心冥想、关爱与友善冥想，明显能够促进亲社会行为（Luberto et al., 2018）。可见，共情是利他、帮助等亲社会行为的一个非常稳定的促进因子（Spinrad & Eisenberg, 2014），可以视之为一个指向他人、有利于他人、促进双方良好关系的积极特质。

内夫教授通过问卷调查和相关研究探讨了自我关怀和共情之间的关系。她发现，拥有高自我关怀特质的人在对待自我与他人时都更友善、更关爱，而低自我关怀特质的人自我报告对他人的关爱要高于对自己的关爱（Neff，2003b）。自我关怀与共情的关系还与共情的维度有关，例如内夫和波米耶（Neff & Pommier，2013）通过问卷调查探究了自我关怀与共情的不同维度——观点采择、共情关心和个体忧伤的关系。观点采择是一个人用多种角度理解他人的能力，是认知共情的体现；共情关心是对他人情感的关怀，属于情感共情；个体忧伤是由他人状况引起的自身反应，例如"我看到别人难过，我也感觉到忧伤"。这项调查结果发现，自我关怀能够促进观点采择和共情关心，但与个体忧伤具有负向的相关关系。也就是说，自我关怀者不仅更能站在对方的角度关心他人，也能更好地处理自己的消极情绪。

霍夫曼等人（Hofmann，Grossman，& Hinton，2011）认为，自我关怀能够促进共情是因为人们以关怀的态度对待苦难的能力是能够延续到不同对象身上的，包括对待自我、对待他人，甚至包括对待其他生命体。自我关怀者有更高的普遍人性观，在面对自身的不足，在经历困难与苦难时，更能意识到这些体验是全人类的共性，也因而体会到与他人更强的联结感——"不是只有我，所有人都会遇到困难，都会难过"。他们在他人遭遇挫折或苦难时也就更能推己及人，体会对方的感受，理解对方的想法，表现出更高的共情。可见，自我关怀并不意味着以自我为中心，自我关怀者会更多地感受、理解、包容与帮助他人，而对他人的共情与关怀又能提高自我关怀者的人际适应与人际和谐。

接着谈谈感恩。"感恩"（gratitude）一词对我们来说并不陌生，我们从小就知道要感恩父母、感恩老师、感恩帮助过我们的人。在心理学中，不同研究者对感恩有不同的定义。早期研究者，如奥托尼等人（Ortony, Clore, & Collins, 1988）认为，感恩是当一个人察觉他人做了好事之后，产生的朝向他人的一种钦佩、愉悦的感受。埃蒙斯和克鲁普勒（Emmons & Crumpler, 2000）则将感恩定义为接受他人恩惠时的积极情绪和感受，这一定义将感恩视为一种与人际交往相关的情绪。麦卡洛等人（McCullough, Emmons, & Tsang, 2002）在综合了先前的理论后，将感恩界定为接受他人恩惠之后产生的一种认知—情感反应，并进一步提出特质感恩和状态感恩的概念。特质感恩反映了一个人长期的、较稳定的特质状态，是其在一般情境下的生活倾向，即用感激的方式识别并试图回报他人给予的恩惠，或用感激的态度对待生活中有价值、值得珍视的事物，如"饮水思源"表示的就是较稳定的积极情绪特质。特质感恩的测量大多采用麦卡洛团队编制的有 6 个题目的《感恩问卷》(Gratitude Questionnaire-6)，反映了我们在日常生活中普遍存在的感恩心态。研究者要求参与者回答每道题目在多大程度上符合自己的实际情况，如在多大程度上认可"生命中有很多值得我感激的人、事、物"这样的表述（McCullough et al., 2002）。状态感恩则是一个人在接受实施者真诚且主动提供的、付出一定代价的、有价值的礼物或恩惠时，所产生的积极、愉悦的情绪反应，具有即时性特征（McCullough et al., 2002; Wood, Froh, & Geraghty, 2010）。研究者通常在实验室中操纵一定的环境条件来唤起参与者的状态感恩，比如安排一位实验助手向参与者提供一定帮助，接着让参与者汇报自己在多大程度上体验到感激、愉快和温暖等指向帮助者的积极感受。

感恩伴随着温暖、愉悦的感受，它与其他积极情绪，如欣喜、充满热情等一样，均有积极的情绪效价。不同的是，感恩还具有重要的人际功能，是一种人际情绪。一方面，感恩的体验通常发生在人际互动过程中；另一方面，感恩会影响人际互动中的行为，如亲社会行为。麦卡洛及其同事（McCullough, Kilpatrick, Emmons, & Larson, 2001）提出了感恩的道德情感理论（moral affect theory），将感恩视作一种道德情绪，认为感恩在道德行为中发挥重要功能。

该理论认为感恩有三方面的道德功能：首先，感恩作为亲社会行为的"晴雨表"，能够帮助我们识别他人的善行及其意图。也就是说，感恩发生在识别实施者善意的帮助之后。其次，感恩作为亲社会行为的强化物，接受者的感恩表达能够促进实施者后续的亲社会行为。最后，感恩还是接受者亲社会行为的驱动力，激发接受者作出指向实施者的亲社会行为，或指向第三方他人或旁观者的亲社会行为（McCullough et al., 2001）。与道德情感理论一致，大量实证研究发现，感恩对指向实施者的亲社会行为与指向他人的亲社会行为均有促进作用。例如，相关研究发现，他人评定或自我报告的特质性感恩水平与亲社会行为表现具有显著正相关（McCullough et al., 2002）；唤起感恩的接受者会对给予他们帮助的实施者更慷慨（Tsang, 2006），愿意花费更多时间，向实施者及陌生人提供帮助（Bartlett & DeSteno, 2006）；一个人回忆过去的感恩经历也会提高其对陌生情境里第三方的信任感（Dunn & Schweitzer, 2005），更愿意捐款给慈善机构（即潜在的旁观者）（Kwak & Kwon, 2016）。一项元分析显示，近年发表的有关"感恩促进亲社会行为"主题的文章多达65篇，共95项研究，其元分析结果显示，感恩与亲社会行为具有中等程度的正相关（Ma, Tunney, & Ferguson, 2017）。

随着感恩对个体的人际关系及幸福感存在积极作用的揭示，许多研究者开始探究如何增加人们的感恩行为，其中感恩日记是一种非常简洁、有效的方法。例如，奥康奈尔等人（O'Connell, O'Shea, & Gallagher, 2018）开展了一项研究，将参与者随机分入干预组或控制组，让参与者在两周里每周选择两天写日记，其中，干预组参与者写感恩日记，研究者会告诉他们，"写作是一种用于反思日常生活的很好的方式，在我们的生活中有许多大大小小的事情会激起我们的感恩体验。在接下来的两周里，请你每周选择两天，写下一些当天让你感恩的事件"。控制组参与者则写日常日记，研究者告诉他们，"写作是一种用于反思日常生活的很好的方式，在接下来的两周里，请你每周选择两天，写下一些当天发生的事件"。两周后，研究者发现，撰写感恩日记的干预组参与者的感恩水平明显提高了，后续检验还发现，干预组参与者的友谊的质量和生活满意度均明显高于研究开始时的基线值。但对撰写日常日记的控制组参与者来说，他们的友谊的质量和生活满意度均与基线值没有显著差异。可见，感恩对我们的主观幸福感、社会适应和人际和谐有积极的促进作用。

自我关怀又与感恩有怎样的关系呢？自我关怀者更可能觉察和欣赏生活中美好的一面，他们向内能包容自身的缺点，欣赏自身的优点，向外能更冷静、客观地看待磨难与挫折，发现其中的意义与益处，这些认知都与感恩体验密切相连。试想，当我们与朋友不和，吵得面红耳赤，不善于自我关怀的人可能会反复思量这件不开心的事，沉浸在愤怒或悲伤的情绪中；自我关怀者更可能冷静地觉察自己的情绪，意识到朋友间出现争吵是人之常情。转念一想，或许朋友说的也有一定道理，其言论对自己来说是一种知识和观念上的拓展。确实有研究发现，自我关怀者会用更感激的想法去面对人际冲突，认为这些冲突经历使他们变成更好的自己（Swickert et al., 2019）。他们有更高水平的普遍人性观，更可能将个人视为渺小的存在，置身于全人类这个命运共同体中，因而感受到外在更宏大的力量，激起感恩之情。

最后谈谈宽恕。在日常的人际交往中，总少不了遭遇来自他人的不同程度的冒犯或伤害，如排队时被别人插队，与朋友吵架时朋友说出令人伤心的话，等等。这种时候，我们是选择愤怒地回击或伺机报复，还是选择宽恕呢？宽恕（forgiveness）反映的是人际冲突中被冒犯者对冒犯者的人际动机的改变，如果被冒犯者降低了对冒犯者的报复和回避动机，增加了仁慈动机，宽恕就发生了（McCullough, 2000）。

根据宽恕的压力应对模型（Worthington, 2006），遭受他人的冒犯和伤害对个体而言是一种人际压力事件。冒犯事件的发生首先会使被冒犯者感到被不公平对待了，随后被冒犯者会根据被冒犯及不公平感知的程度，将该事件视为威胁或挑战。当将被冒犯的事件视为威胁时，就会陷入对冒犯事件的反刍，不愿意原谅、宽恕对方，激起寻求公正感的欲望，进而激发报复或回避的倾向；当将冒犯情境视为挑战时，就会倾向于解决问题，积极地调整自己的情绪或寻找其他解决办法，在维护自己权益的同时表现出和解与利他的倾向。接着被冒犯者还会根据双方的能力、关系与自主性，选择采用问题关注型、情绪关注型或意义关注型的应对方法，最终作出宽恕还是不宽恕的决定（图3-1）。

"和为贵"，这句话讲出了宽恕对我们的重要意义。研究者对大学生进行了问卷调查，考察他们的宽恕水平与人际关系满意度、主观幸

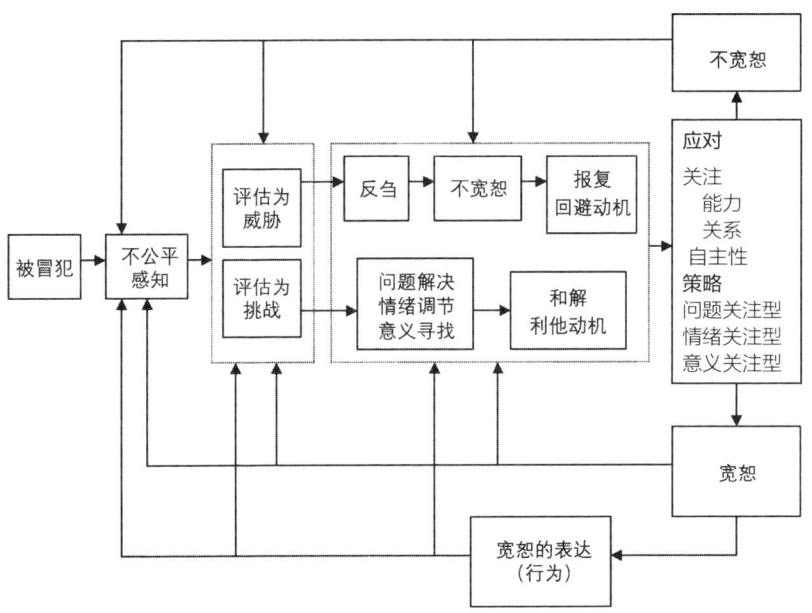

图 3-1　宽恕的压力应对模型
（参考 Worthington，2006）

福感之间的关系，结果发现，更愿意宽恕的大学生的人际关系满意度更高，而人际关系满意度又会进一步促进他们的主观幸福感（刘会驰，吴明霞，2011）。宽恕的积极作用既存在于一个人对其整体人际关系的感知中，也存在于对其特定人际关系的感知中。日本的一项研究招募了 371 名处在恋爱关系中的人，先调查了他们对伴侣冒犯行为的宽恕度、对亲密关系的满意度以及亲密关系的质量，然后在 10 个月后追踪调查他们是否还和伴侣在一起。结果发现，在排除了关系满意度和关系质量的影响后，越愿意宽恕伴侣的人越可能在 10 个月后依然维持着与伴侣的恋人关系（Kato，2016）。

自我关怀与宽恕是否存在联系呢？如果有联系，自我关怀会促进还是抑制宽恕的发生？现在让我们回到宽恕的压力应对模型，我们知道，当一个人将被冒犯视为一种威胁，反刍和不愿宽恕的感受（如不公正感知或愤怒情绪）会增加报复和回避的动机，进而作出不宽恕的决定。倘若这个人拥有自我关怀的积极态度，面对来自他人的冒犯时，由于有更稳定的内在自我价值，冒犯行为对被冒犯者自尊和情绪的消极影响不会持续很长时间。此外，非常重要的是，自我关怀水平越高就意味着一个人的正念观水平越高，面对挫折与逆境时对负面事件和消极情绪的反刍就越少，能客观、平衡地看待冒犯事件，更可能发生亲社会动机的转变。在一项研究中，研究者考察了自我关怀与宽恕的关系，并进一步探究愤怒与反刍是不是自我关怀影响宽恕的作用机制。该研究通过问卷调查了 358 名参与者，发现自我关怀水平越高的参与者有越低的反刍倾向；虽然反刍不能直接影响宽恕，但会通过愤怒情绪体验间接影响宽恕。总的来说，自我关怀能通过减少反刍进而减少愤怒情绪，最终更可能促成宽恕的决定（Wu，Chi，Zeng，Lin，& Du，2019）。

自我关怀者更喜欢和更善于社交吗？

说到一个人是否喜欢和擅长交际，我们脑海中大概会想到"内向"和"外向"这两个词。的确如此，内向与外向是衡量一个人的社交能力和社交倾向的重要指标。在关于人格特质的众多理论中，"大五"人格理论的出现被称为"人格心理学领域一场静悄悄的革命"，这一理论认为可以将一个人的性格特征归纳为五个方面：神经质（neuroticism）、外倾性（extraversion）、开放性（openness）、宜人性（agreeableness）和尽责性（conscientiousness）。神经质反映一个人的情绪稳定程度，得分高则表明他在日常生活中情绪更容易波动，如喜怒无常；外倾性也就是我们常说的外向程度，反映一个人的热情、自信、有活力、善社交的特性，得分较低则说明他更喜欢独自待着，不爱社交；开放性反映的是对经验持开放、探求的态度；宜人性又称随和性，反映了利他、友好、富有爱心的特性；尽责性又称严谨性，反映了对自己行为的克制，与自我控制、成就动机和组织计划相关（Costa & McCrae，1985）。这五种人格特质的组成结构具有跨文化的一致性，即想要了解来自不同文化背景的人的人格特质时，均可基于这五个方面。

我们不难发现，在这五种人格特质中，外倾性和宜人性与社会互动及人际交往有最直接的关联。王英春和邹泓（2009）调查了597名初一到初三的学生，探究初中生的人格特质与其人际关系、社会能力的关系。结果发现，外倾性是学生是否发起人际交往行为的重要预测因素，越外向的初中生在日常生活中越可能主动发起同伴交往行为；宜人性对于维持友谊关系更重要，高宜人性的学生在同伴交往过程中会更多地分享自己的经历和感受，更经常给予同伴情感支持，也更善于解决同伴冲突。这说明外倾性反映了个体的社会兴趣以及对社会交往的喜爱程度，外向的人不仅更喜欢参与社交活动，也更热情、健谈，容易与他人交往；宜人性高的人更具有同理心，更容易感受到来自他人的善意，因而在与他人的交往中更倾向于给予对方包容与支持，他们更善于通过积极、和谐的方式解决人际冲突，维持友谊。

人格特质反映了个体较稳定的内在倾向，因而研究者在探究自我关怀与人格特质之间的关系时大多采用横断调查的方法。例如，在一项对177名美国大学生进行的问卷调查中发现，个体的自我关怀水平与大五人格中的外倾性和宜人性均具有显著的正相关（Neff，Rude，& Kirkpatrick，2007）。在另一项以土耳其成年人为研究对象的问卷调查中也发现，自我关怀水平与外倾性、宜人性、开放性和尽责性均具有显著的正相关，同时与神经质具有显著的负相关（自我关怀者的情绪比较稳定）(Arslan，2016)。

在人际互动或社会交往的过程中，倘若时常担忧自己在他人心目中留下的印象是否良好，就可能让人感到不自在或害羞，甚至产生社交焦虑或社交退缩。自我关怀能使人更多地包容与客观地看待自身的不足与缺陷，形成较为稳定的自我价值，不会过分担忧他人的评价，更敢于发起交往活动，表现出较高的外倾性。自我关怀者更多地持有对人友善、与人联结的心态，会以较客观和平衡的态度看待自己的经历和感受，因而很容易与他人友好相处，展现出更高的宜人性（Neff et al.，2007）。

除了人格特征，保持良好社交还反映了人际能力，即人们发展亲密关系的能力。布尔梅斯特等人（Buhrmester，Furman，Wittenberg，& Reis，1988）认为，可以从五个方面衡量人际能力。第一，发动关系的能力，如在新的社交场景中能主动向一个感兴趣的、新认识的朋友提议一起做某些事情。第二，情感支持能力，如当亲密朋友心情不好时，能说些或做些什么来支持他、安慰他。第三，直言不满，如在交往中告诉朋友你不喜欢他的某个行为，或他对待你的某种方式。第四，自我表露，如将内心深处让你焦虑或害怕的事情告诉亲密朋友。第五，冲突管理能力，如在发生冲突时能够站在对方的角度，真正理解对方的立场和观点。

自我关怀水平与人际能力紧密关联（Barnard & Curry，2011）。

第三章 爱自己，爱他人：自我关怀的社会功能

在他人身处逆境时，自我关怀能够促进我们对他人的理解与关心，因而更可能向对方提供情感上的支持，在发生冲突时也会更客观地看待双方的立场，采用积极、有效的应对策略。可见，自我关怀者在不同的社交场合中都表现得更灵活，可以适应不同的社会互动情境，善于处理人际冲突。相反，对于不善于自我关怀的人，可以推测其人际能力也较低。有研究者对132名参与者的自我关怀和人际能力进行了问卷研究，结果发现，人际创伤事件会损害一个人的自我关怀，而自我关怀水平的降低又会进一步削弱其人际能力，同时诱发创伤后的应激症状（Bistricky et al., 2017）。在另一项问卷研究中也发现，越善于自我关怀，社交能力就越强。研究者推测，这是因为自我关怀者在人际交往中能够推己及人，共情他人的情绪和感受，因而更能维持积极、良好的沟通（Umphrey & Sherblom, 2014）。

自我关怀还能缓解我们的社交焦虑、社交恐惧。社交过程中的焦虑或压力一定程度上能够帮助我们调动资源，以更好地进行人际互动，实现社交活动的目的，但如果压力过大或焦虑感太强，就会损害我们与他人交往的能力，影响社会适应（景雅芹，贺司琪，贺金波，周玲玲，李静，2015）。有社交焦虑的人对于人际互动及自己在社交场合中的表现有不合理的惧怕，在社交场合中会感到强烈的紧张不安，想要回避交往（张亚利，李森，俞国良，2019）。对于有"社交恐惧症"的人，自在地和人相处并不是轻而易举就能做到的事，特别是当经历被批评、被排斥等社会压力事件之后（虽然任何人都有可能碰到这类情况，但对有"社交恐惧症"的人来说，他们更难以排解这类事件带来的消极情绪）。惧怕他人的评价，尤其是负面评价，是社交恐惧的一个重要原因。减少社交恐惧者内心的负担，提高其社会适

应和幸福感是值得重视的问题。自我关怀能够给人带来稳定的自我价值体验，了解不完美是人类的共性，缓解他人的负面评价带来的消极情绪。

研究者通过问卷测量了 719 名大学生的社交焦虑、社交领域的自我关怀、幸福感等众多指标，发现如果一个人对自己在人际交往上的失败和焦虑持理解、不批判的心态，也就是在社交问题上具有较高的自我关怀，其社交焦虑、对负面评价的恐惧和羞耻感会更低，社交自我效能感和幸福感会更高（Rose & Kocovski，2020）。近期，我们的一项研究通过问卷调查了 871 名青少年的自我关怀、对消极评价的恐惧、社交焦虑和孤独感水平，并通过结构方程模型检验了它们之间的关系。我们同样发现，青少年的自我关怀水平越高，对负面评价的恐惧和社交焦虑就越少，这保护青少年更少地体验到因难以开展社交、建立人际关系而导致的孤独感（Liu, Yang, Wu, Kong, & Cui, 2020）。

拥抱自己，收获更健康的人际关系

是什么影响了我们的人际关系质量？

人际关系是每个人生活中重要的组成部分。婴儿期与父母建立纽带般的亲子依恋；学步期与小伙伴天真烂漫地玩耍；进入学校后学习与同学打交道；青春期情窦初开，初怀朦胧的情感；成人初期逐渐建立稳定的亲密关系；有一天会为人父母，教育孩子……正如诗人多恩（John Donne）的诗句，"没有人是一座孤岛"，人生每个阶段都意味着新角色的开始，意味着需要与不同角色的人互动并建立关系，而积极、健康的人际关系成为我们幸福感与身心健康的重要源泉。

哈佛研究者的一项追踪研究告诉我们,好的社会关系能够让人过得更幸福、更健康(Waldinger,2015)。研究者进行了长达75年的追踪研究,发现让人们幸福、快乐、健康、长寿的秘诀不是财富,也不是名利,而是高质量的社会关系。既然高质量的人际关系对我们的发展有如此重要的作用,我们就需要了解哪些因素会影响我们与他人的人际关系质量。在影响人际关系的因素中,有些因素是客观的、来自环境的,也有一些因素是主观的、来自个人的(杨林佩,石伟,2011;赵崇莲,郑涌,李宏翰,张建梅,2006)。

影响人际关系的客观因素包括时空接近、相似性和熟悉性。时空接近即俗话说的"远亲不如近邻""近水楼台先得月",人与人之间物理距离上的接近对人际关系的建立与维持有特殊作用,它创设了更多与他人接触的机会,增加了共同的经历与体验,进而影响人际关系。除了物理距离,人际交往也随着互联网的普及分为线上与线下两种方式,有学者考察了网络如何影响现实的人际关系,结果发现人们对现实生活中他人的品质有更积极的评价,对现实生活中的人有更强的交友意愿,而对在网络中维持人际关系的态度相对更消极(吕剑晨,张琪,2016)。

"物以类聚,人以群分",在结交朋友时,我们常常更喜欢和我们相像的人。这种相似性既包括背景或基本信息的相似,如年龄、受教育水平、社会地位,甚至外貌,也包括个性、兴趣、价值观等方面的相似,如喜欢同一个球队或同一位明星。相似的人更易沟通与理解,更易产生共鸣。米勒(Rowland Miller)和珀尔曼(Daniel Perlman)在《亲密关系》一书中曾指出,伴侣态度上的相似性越大,共同点越多，就越觉得对方是有吸引力的，越喜欢对方，更满意彼此间的关系，这段关系也会持续更久。

熟悉性的影响简单说就是"我们喜欢经常看到的人"。在心理学中有一个词叫"曝光效应"，意思是如果适当地重复接触某一特定的人或事物，能够增加对其的正面情感或评价。研究者让大学生看不同面孔的图片，在播放的序列里，有些面孔仅出现1—2次，有些出现25次，让大学生报告对每张面孔的喜爱程度，结果发现，喜爱程度随着面孔出现次数的提高而增大。

影响人际关系的主观因素包括依恋风格、人际冲突和情绪调节。依恋最初产生于婴儿及照料者的互动过程中，是婴儿和照料者之间的一种情感联结。儿童时期的依恋可以分为三种类型——安全型、回避型和焦虑—反抗型（Ainsworth, Blehar, Waters, & Wall, 1978）。三种不同的依恋类型与成人后不同的人际相处模式相联系，早期形成的亲子依恋类型会成为成年后亲密关系的原型，影响成人期依恋的类型与人际交往模式（Crowell & Treboux, 1995）。研究者根据人们对待自己和对待他人的方式（即自我模型和他人模型）将成人期依恋分为四种类型（Bartholomew & Horowitz, 1991），其中，安全型的人是充满自信的，认为自己值得被爱，同时信赖他人；恐惧型的人对自己和他人都缺乏信心，渴望亲密关系又害怕被拒绝；倾注型的人常常过度关注和依赖关系；冷漠型的人缺少对他人的信赖，排斥亲密关系。

人际冲突指交往对象之间由于利益关系、观点不一、个性差异等引发的紧张状态和对抗过程（张翔，樊富珉，2003）。对青少年而言，亲子冲突、同伴冲突和师生冲突是主要的压力来源，若应对不妥就可能损害他们的心理健康，甚至会增加自杀的风险（姚本先，何元庆，王道阳，2012）。对大学生来说，人际冲突仍然令人困扰。研究者以 888 例大学生心理咨询的记录为研究材料，发现人际交往问题是大学生的主要应激源（何元庆，等，2010）。另一项调查发现，适应新环境是大学新生面临的首要问题，其次就是人际交往问题，包括如何营造良好的交往氛围，如何处理与同学的冲突，等等（许燕，梁向芬，1997）。在大学生的人际冲突中，主要对象是同学或朋友，其次是家人和亲戚、老师和管理员等，而冲突的后果主要表现为引发大学生的负面情绪（徐燕，梁觉，1998）。面对人际冲突，采用不同的解决策略会对人际关系产生不同的影响，其中，协作式解决方法对人际关系满意度有积极的影响（梁凤华，段锦云，2018）。可见，冲突的发生可以被视为人际关系的危机，但若合理地应对，善用建设性冲突管理策略，人际冲突也可以成为人际关系的转机。

你在生活中有遇到过不开心的事情吗？当你遇到不开心的事情时，是否会采取一些方法帮助自己尽快摆脱不开心的情绪？广义上讲，我们用来增加、维持或减少情绪反应的所有有意识及无意识的策略统称为"情绪调节策略"，这个过程则称为"情绪调节"（Gross，1998）。在中国文化背景下，调节人际不愉快事件引发的消极情绪，进而维持人际关系的和谐具有重要的意义。想象一下，当我们在公共场合和朋友发生了争执，虽然感到生气或难过，我们也常常会因为顾虑对他人的影响而选择压抑负面情绪，这样的选择会进一步影响我们和朋友的关系。桑标和邓欣媚（2015）提出，人们在表达情绪时，常常会考虑这是否会影响人际和谐，因而倾向于采用降低情绪反应的策略，以减少可能对他人造成的消极影响。适应性情绪调节能帮助我们及时调控自己的情绪和行为，使情绪表达更恰当，提高人际关系的质量。

自我关怀者拥有怎样的人际关系？

想要更好地爱他人，就要先学会爱自己，培养自我关怀就是在学习如何爱自己。自我关怀能使我们在出现负面的情绪和想法时，依然保持清晰和平衡的觉察，避免沉浸其中。这种积极态度带来的益处可以从自身辐射到与其他人的人际交往的过程中，提高人际关系的质量。关怀自己的人更能够成为好父母、好朋友、好伴侣。

其一，想成为好父母并非易事。想象一下，你近期的工作面临许多困难，在工作了整整一天后，你拖着疲惫的身躯回到家，却看到孩子期中考试并不理想的成绩单。孩子还在悠闲地玩手机，满地玩具，作业还未完成，你会不会气不打一处来，对着孩子一通教训？然后孩子反驳了几句，说学习难度太大，进度跟不上，委屈地回房间了，你冷静下来后也觉得不应该掺杂自己的情绪，把气发泄到孩子身上。倘若你在教训孩子之前能够暂停一下，客观地觉察当时的情绪状态，关怀一下今天工作不顺利的自己，试着消化自己身上的负面情绪，或许你就会耐心地了解孩子考试不理想的原因，积极地帮助他分析学习上的困难，指导他收拾自己的玩具，就可以改写这个故事。

中年父母常常面临多方面的压力，其中很重要的一部分来自个人生活（如工作压力、经济困难）和孩子的教育，父母可能有意或无意间采用了不恰当的教养方式，有损亲子关系的质量。上述故事中，自我关怀便是改写故事的关键点。自我关怀的态度有助于父母应对教养过程中的压力和挫折，帮助父母更好地调整心情，更多地采用平静和接纳的态度对待孩子，尤其是当孩子处于消极情绪状态中时。这样一来，父母更可能与孩子维持积极、良好的亲子关系，在这个过程中还能感受到自己成为一位好父亲／母亲而带来的积极体验（Bögels，Lehtonen，& Restifo，2010）。有研究者通过问卷调查发现，更善于自我关怀的父母更多地采用正念教养，因而会减少教养过程中的压力感知；有更积极的权威型教养模式，更不会采用消极的专制型、放纵型教养方式（Gouveia，Carona，Canavarro，& Moreira，2016）。

当我们能成为好父母，积极与快乐的力量将在父母与孩子之间传递，帮助孩子养成良好的自我态度。研究者以亲子为研究对象发现，父母的正念教养能够提高孩子的自我关怀水平，即当父母能够更好地觉察其在教养过程中的压力和冲突，在压力下仍能有效教养（如不发脾气，了解孩子失败的原因），孩子更可能形成稳定的自我价值，培养关爱自己的积极品质（Moreira，Gouveia，& Canavarro，2018）。同样，也有研究发现，孩子感受到的与父母之间的情感联结越深，亲子关系越亲密，其自我关怀水平就越高（胡金萍，种道汉，2019）。

其二，建立与维持良好的同伴关系是人生中的一项重要任务。当我们离开家，步入学校之后，同伴变成更重要、更频繁的交往对象。我们与同学一起学习，一起生活，一起游戏和玩耍，积极的同伴关系可以成为青少年获得归属与爱的来源；反之，如果被同伴排斥、孤立，甚至遭受校园欺凌，就容易出现身心健康问题。同伴关系对于青少年的发展和社会适应具有重要意义（邹泓，1998）。

虽然前人研究很少直接考察青少年的自我关怀对同伴关系或友谊的质量的影响，但有研究者通过问卷调查发现，在人际交往过程中有更多正念思维的人，对自我和他人的觉察都更准确，更多地拥有不批判的心态，友谊的质量也更高（Pratscher，Rose，Markovitz，&

Bettencourt，2018）。善于自我关怀的青少年对他人也有更多的关爱与理解，这会帮助他们建立与维持更积极的同伴关系。青少年的同伴关系质量还体现在他们的孤独感体验上，如果缺乏积极、良好的友谊关系，青少年往往会有更强的孤独感。研究发现，无论是在青少年群体中还是在大学生群体中，自我关怀都有助于减少孤独感（Akın，2010；Liu et al.，2020）。

其三，积极的亲密关系给人带来爱与温暖，消极的亲密关系给人带来悲伤与痛苦。每个人的亲密关系中都会经历冲突和矛盾，它们不断地考验和挑战着这段关系，不少人可能会因为担心亲密关系受挫而将真实的自我隐藏起来，"为了让你喜欢我而活成你喜欢的样子"。久而久之，恐惧和压抑不断腐蚀着内心，一旦面具破裂或不堪重负，就会造成巨大的冲击。我们希望在亲密关系中得到伴侣的接纳和爱，却不敢展示真实的自我，可谓缘木求鱼。

如果拥有自我关怀的积极态度，我们首先会对自己有真心的认可。我们希望得到伴侣的接纳与理解，但不会将自我的价值完全寄托在对方身上——不会只因对方的接纳才肯定自己，更不会因对方的反感而苛责自己。自我关怀者不会害怕在伴侣面前展现真实的自己。此外，自我关怀者更可能在归属和自主性上得到满足，也就更可能给予伴侣充分的自由，而不是过分地控制对方；当伴侣需要的时候，也更可能有真诚和关爱的态度和行为（Neff & Beretvas，2013）。

实证研究中，研究者对261名大学生进行了问卷调查，结果发现，越能够自我关怀，对亲密关系的满意度就越高（Jacobson，Wilson，Kurz，& Kellum，2018）。高自我关怀对伴侣间的关系满意度有正向的预测作用（Fahimdanesh，Noferesti，& Tavakol，2020）。

有研究者通过问卷调查了 104 对夫妻，同样发现自我关怀与感知到的关系满意度有正向关联；伴侣越善于自我关怀，另一半就越能接收到来自伴侣的关爱与接纳，反之就会迎来控制、疏离、言语攻击等（Neff & Beretvas，2013）。自我关怀心态让我们既能接受自己的缺陷与不完美，也能接受伴侣的缺陷与不完美，让恋爱和婚姻更自由、更幸福。

为什么自我关怀对人际关系有益？

首先，自我关怀会使我们采用更好的情绪调节策略，提高情绪调节能力。

根据情绪调节的过程，研究者将其分为原因调节和反应调节。原因调节也叫"先行关注"，它发生在情绪反应出现之前。当我们接到老师的电话，说需要家长到校讨论一下孩子在学校的表现，在前往学校的路上，我们提醒自己要尽量理性地看待孩子的表现，不要太愤怒和冲动，这就是先行关注。反应调节也叫"反应关注"，它发生在情绪反应出现之后。当我们因为孩子在校调皮捣蛋而生气，会告诉自己先做几个深呼吸，慢慢平复情绪，这就是反应关注。

我们在日常生活中最常使用的情绪调节策略是认知重评和表达抑制。认知重评属于先行关注的情绪调节策略，主要通过改变自己对事件的认识和理解，使自己从更积极的角度评价情绪事件，从而调整情绪反应。例如，刚和朋友发生争执后安慰自己，或许朋友今天遇到了不顺心的事，他并不是故意说出伤人的话，也不是真的不想和自己来往，这样想会降低争执对情绪的负面影响。表达抑制属于反应关注的情绪调节策略，指人们在情绪唤起时有意识地压抑或抑制情绪和情绪行为的表达,从而减少对事件的主观情绪体验(Gross & John,2003)。例如,当你和朋友发生争执而感到难过时,努力克制自己、压抑情绪,不让难过表露出来。

情绪调节的策略和能力与人际关系质量息息相关。李梅和卢家楣(2005)在探究高中生的情绪调节方式时发现,在同伴中颇受欢迎的高中生往往会使用情绪表露、情感求助、认知应对等积极的情绪调节方式,受忽视的学生则最常通过回避、压抑等相对消极的方式来调节自己的情绪。同样,在成年人群体中,研究者也发现,无论是积极情绪还是消极情绪,不愿意表露或与人分享的人更难以建立亲密的人际关系(Gross & John,2003)。对个人而言,良好的情绪调节能力和具有适应性的情绪调节策略有助于缓解负面情绪,保护身心健康;对人际交往而言,情绪调节的积极作用体现为促进双方的有效互动、相互理解,提高关系质量。

自我关怀与情绪调节能力或情绪调节策略有怎样的联系呢?自我关怀者善于觉察和正视自己的情绪反应,较少采用回避、抑制、反刍思维等消极的情绪调节策略(Allen & Leary,2010;Bakker,Cox, Hubley, & Owens, 2019)。自我关怀还与接纳、认知重评等积极的情绪调节策略的使用相关(Chishima, Mizuno, Sugawara,& Miyagawa,2018),与更高的情绪调节能力相关(Scoglio et al.,2018)。当我们能够妥善地处理个人情绪或人际交往过程中不可避免的负面情绪,我们便掌握了构建健康人际关系的秘诀。

其次,自我关怀能使我们以正面、积极的态度应对冲突。

在所有关系中,冲突都不可避免,争执中的失控可能会给双方造成难以修复的伤害,一味地回避也只能换来表面的平静。处理人际矛盾与冲突，修复人际关系依赖良好的应对方式。自我关怀这一积极、健康的心理状态，能使我们更好地应对冲突，觉察与理解当下的情绪。

以往的研究发现，在经历冲突时，越善于自我关怀的人越可能选择建设性的应对策略，如尽力想办法解决当前的困难，主动沟通，而不是逃离或回避（Allen & Leary，2010）。在一项探究自我关怀与应对方式的关系的研究中，研究者请来 506 名本科生，先让他们回忆并报告自己与母亲、父亲、好朋友及伴侣间的一次冲突，然后在三种应对方式中选择自己处理冲突的方式。三种备选的应对方式分别是"自我顺从""协商妥协"和"自我优先"。自我顺从是为了满足对方的需求而放弃自己的需求；协商妥协是自己和对方的需求都没有被完全满足，是一种相对折中、平均的方案；自我优先是不放弃自己的需求，并向对方解释自己的需求的重要性。之后，研究者询问这些本科生选择的应对方式是否符合自己的真实想法，以及他们在这些冲突事件中体会到多大的情绪波动。研究者还通过问卷测量了他们的自我关怀水平和对重要关系的满意度。结果发现，越善于自我关怀，就越可能使用协商妥协的方式来应对人际冲突；同时，自我关怀者会认为这种处理方式符合内心的意愿，在作选择时内心冲突更少，对重要关系更满意（Yarnell & Neff，2013）。此外，有研究调查了癌症患者的自我关怀、情绪忧伤及其与伴侣间的沟通，发现自我关怀可帮助癌症患者更积极地应对病情，让他们能够就"癌症"这一沉重的话题与伴侣有更多打开心扉的交流（Schellekens et al.，2017）。

最后，自我关怀能增进社会联结感。

社会联结反映了一个人与其他社会成员之间亲密的情感联系（Lee & Robbins，1995）。感受到与他人的联结或收到来自他人的支持等体验，既满足了我们对人际归属的需要，也能使我们发展更好的人际关系。假如我们拥有自我关怀的态度，就会想到挫折与困难是人人都会遇到的事情——"我并不是一个人"，这会让我们产生一种与他人联结的感觉。

许多研究都发现，自我关怀对社会联结感有较稳定的促进作用。我们先前的研究对 3238 名高中生进行了问卷调查，发现善于自我关怀的青少年对关系更满意，人际信任水平也更高（Yang, Guo, Kou, & Liu, 2019）。也有研究者对 150 位乳腺癌患者进行了问卷调查，他们发现，自我关怀水平越高的患者感知到的社会支持越多，社区归属感越强，这样的积极人际体验提高了她们应对癌症时的心理弹性（Alizadeh, Khanahmadi, Vedadhir, & Barjasteh, 2018）。在另一项研究中，研究者对 96 名女大学生进行连续 8 天的问卷追踪调查。先测量每位女大学生的特质自我关怀水平，然后在接下来的 8 天中每天都让她们填写当天感知到的社会支持和消极情绪，结果发现，特质自我关怀水平越高的女大学生，总体来说感知到的社会支持越多。有趣的是，在体验到更多消极情绪时，相较不善于自我关怀的人，自我关怀者会感知到更多的社会支持，可见，自我关怀能帮助我们在体验忧伤时更好地使用和整合所拥有的社会资源（Dupasquier, Kelly, Waring, & Moscovitch, 2020）。

自我关怀者为何拥有更良好的人际关系？这是因为自我关怀帮助我们在人际交往中保持开放态度，在产生冲突和矛盾时不仅能够及时处理自己的消极情绪，也能用更好的方式解决冲突。自我关怀消除了自我与他人之间清晰的边界，当我们以关怀心对待所有人时，我们与他人之间的社会联结感也增强了。

赠人玫瑰，手有余香：自我关怀的拓展

自我关怀增加好行为

我们不妨先来做一个小实验。请拿出一张白纸，先写下一件今天令你感到难过、愤怒或伤心的不开心的事情，可以是遭遇的失败、与他人的冲突等。然后试着以自我关怀的方式重新看待这件事，如列出其他人也会经历类似事件的例子，或者像安慰有相同经历的好朋友那样，写下对自己的安慰与理解，也可以用一种客观、理性的态度描述自己对此事的感受。最后，请想象一下，如果你在微信朋友圈中看到朋友转发的求助信息，你是否愿意捐款，或帮他转发信息。

在这个过程中，你能感受到自我关怀所起的作用吗？转发和捐款都是一种亲社会行为（prosocial behavior），它泛指一切符合社会期望，对他人、群体或社会有益的行为（Eisenberg, Fabes, & Spinrad, 1998）。常见的亲社会行为包括帮助、安慰、分享、合作、志愿服务、保护环境等。我们对亲人或朋友有深厚感情或依恋，非常愿意在他们需要的时候伸出援手。同样，我们对社会也有独特的情感，在人类进化和发展的过程中，人们通过互相信任、互相帮助、互相扶持、互相分享经验和技能等亲社会行为，使人类社会得以延续与发展（刘群，赵峰，张姝玥，2020）。

影响我们是否作出亲社会行为的三个因素分别是社会环境特点、受助者特点和帮助者特点。社会环境特点包括在场的旁观者的数量、情境的紧急程度、帮助情境的匿名性/公开性、是否有榜样的作用等，这些都会影响一个人伸出援手的可能性；受助者的性别、受助者

与帮助者的相似性、受助者是否对当前困境承担责任（人们更倾向于帮助用心听讲但跟不上进度的学生，而不是帮助逃课的学生）等特征也会影响亲社会行为的发生；在帮助者的视角，帮助者的责任心、自我控制、共情与信任等特质会增加亲社会行为。

对自身抱有友善的态度能不能促进我们与他人合作或向他人提供帮助呢？其中的关键点是，我们对待自身的态度会影响我们对待他人的态度（Dunning, 2002）。一个经常苛责自己的人也会对其他人吹毛求疵，而一个友善地对待自己的人，也更可能友好地关心他人。此外，自我关怀的普遍人性观会让人感觉自己置身于一个更大的集体中，感受与集体的联结，减轻负面经历的打击，同时促进对他人相似经历的理解。换言之，自我关怀者看到他人处于困境中，需要帮助时，会认为他们与自己一样值得被友善对待，这样的换位思考提高了作出帮助行为的可能性。

研究者以实证研究验证了这样的推论。这项研究招募了124名参与者，在测量了他们的自我关怀水平后，让参与者阅读一个假设情景故事，询问他们有多大可能会给故事中的主人公提供帮助。在情景故事中，主人公罗伯特的汽车在高速路上抛锚，发现轮胎漏气，而他的手机前两天弄丢了，因此停在路边等待援助。研究者让参与者想象，假如自己开车经过，会不会停下来把手机借给罗伯特，或停下来把自己的备用轮胎借给他，又或直接载他一程。结果发现，越善于自我关怀，停下来帮助罗伯特的意愿就越高（Welp & Brown, 2014）。

如果说这项研究对亲社会行为的测评还停留在"意愿"层面（即主观报告的帮助意图），另外一项研究就在实验室中评估了真实的帮助行为。研究者让参与者在实验室内填写问卷，在研究者离开房间后，房间里的一个储物架突然倒塌，上面放的东西撒落一地，研究者通过微型摄像机观察参与者会不会帮助整理。若参与者没有任何反应，计0分；若参与者在研究者回房间后告知并协助研究者一起捡东西，则计4分；若参与者马上主动将东西捡起来，则计8分。结果发现，自我关怀得分更高的参与者更可能作出帮助行为（Lindsay & Creswell，2014）。

一些研究者还关注自我关怀能否促进青少年亲社会行为的养成。青少年时期是一个人形成对待自我的态度的重要时期，也是社会化的关键阶段，青少年时期形成的人际交往能力与习惯会对成人后的人际关系有重要影响。因而，近期越来越多的研究者开始探究自我关怀对青少年人际关系与社会功能的影响，结果也十分有趣。我们的研究团队在2019年以中国3238名高中生为对象，进行了一项大样本问卷调查，想探究青少年的自我关怀与亲社会行为之间的关系。对青少年的亲社会行为的调查涵盖了四个方面：其一，利他性亲社会行为，即以他人利益为重的行为，有时候甚至需要付出一定的代价，如牺牲自己的休息时间辅导同学的功课；其二，遵规—公益性亲社会行为，即遵守社会规范，关心公众利益的行为，如尊老爱幼；其三，关系性亲社会行为，即为建立和维护社会交往中的积极关系作出的行为；其四，特质性亲社会行为，即反映自身优良品质的行为，如勇于改正自己的缺点（杨莹，张梦圆，寇彧，2016）。结果发现，青少年自我关怀的水平越高，他们在日常生活中越可能作出以上亲社会行为。

为什么自我关怀能够促进青少年的亲社会行为？这项研究也通过中介分析给出了答案：自我关怀通过两种机制发挥作用。其一，自我关怀水平越高的青少年有越强的普遍人性观，因而越可能感受到与他人的联结，获得较强的社会联系与归属感。同时，自我关怀有益于他们建立并维持积极、健康的人际关系，这使得他们的关系性需要被充分满足，这是促进亲社会行为的一大因素。其二，自我关怀能够增加青少年对他人普遍的信任感，使其更可能相信大部分人都是心怀善意的，是可以信任与依赖的。正因如此，自我关怀水平高的青少年更愿意与他人合作，在他人有需要的时候更愿意提供帮助。这是一项初步的、基于横断数据的调查，更多地反映了自我关怀和亲社会行为之间确实存在相关关系，但在个体发展的过程中，它们的出现是否存在先后顺序呢？

另一项基于澳大利亚青少年的追踪研究发现了不太一样的结果。该研究对2078名澳大利亚初中生进行了为期四年的追踪，从九年级到十二年级，他们每年都会调查学生的自我关怀与亲社会行为（Marshall，Ciarrochi，Parker，& Sahdra，2020）。对亲社会行为的调查采用同伴报告法和自我报告法。前者是让学生写出班上三个最有可能在他人需要帮助的时候提供帮助的同学的名字，被提名次数越多，就意味着这些同学的亲社会行为越多；后者是让学生评估当看到有人需要帮助时，自己有多大可能提供帮助。结果发现，虽然在同一年中，自我关怀水平越高的青少年有越多的亲社会行为，同伴报告这些青少年的亲社会水平也越高，但前一年的自我关怀水平并不能显著预测下一年的亲社会行为。这项研究没有发现自我关怀对亲社会行为的促进作用，但我们认为它还有值得推进的地方。例如，该研究主要采用同伴提名的方式，对亲社会行为的测量主要基于"帮助行为"这一单一层面，而青少年的亲社会行为有朝向不同对象的多样化表现，即不仅仅包括同伴观察到的行为，还有指向陌生人、老师、家人的行为；也不仅仅包括帮助行为，还包括遵守社会规范、安慰与分享等促进友谊的行为。

在此基础上，我们团队近期又开展了一项探究青少年自我关怀与亲社会行为间关系的纵向追踪研究。我们追踪调查了1525名学生从初一到初三的社会性发展情况（到初三时仍参加的学生变为1026名），每年的11—12月，对这些青少年的自我关怀和亲社会行为进行问卷调查，希望能够探究自我关怀与青少年的亲社会行为之间在纵向水平上是否存在相互影响的关系。追踪结果发现，青少年在上一年的自我关怀水平越高，在接下来的一年里的亲社会行为就越多。这项研究还考察了自我关怀对亲社会行为的促进作用是如何发生的，揭示了感恩在其中的重要作用。自我关怀不仅能够促进一个人发现自身的闪光点，还赋予他发现美的眼睛，对外部世界及他人持有欣赏和感恩的态度，进而助推亲社会行为（Yang，Kong，Guo，& Kou，2021）。

虽然目前已有的在青少年群体中开展的研究尚未达成一致结论，但总的来说，自我关怀者确实可以将对自己的友善态度延伸到与他人相处的态度和行为中。自我关怀促进了我们对处于困境中的他人的共情，增加了与他人的联结感，使我们对他人及环境更感恩，更信任，因而更愿意帮助他人。

自我关怀减少坏行为

我们已经知道自我关怀能够增加好行为，下一个问题是，自我关怀能否预防、减少、阻止不道德行为和违规行为呢？

不道德行为又称"非伦理行为"（unethical behavior），指违反道德、法律或社会规范，对他人有害或不能被群体及社会中大多数人接受的行为（Jones，1991），如闯红灯、占他人便宜、考试作弊、偷窃诈骗等，都被视为不道德行为。我们的研究团队考察了自我关怀和不道德行为之间的关系及其潜在的作用机制。这项研究分为两个子研究，分别招募了大学生（222人）和青少年（3236人）参与研究，总样本量达到3458人。研究采用问卷测量法，用《不道德决策量表》测量不道德行为，该量表包含8个日常生活中经常发生并违背了一条或多条道德原则的道德情景，如："在公司/办公室工作的时候，你突然想到自己家里没有打印纸了，你会不会在公司/办公室拿一些纸回家？"参与者需要评定在每个道德情景中自己有多大可能作出不道德的行为。

研究结果发现，在排除参与者的性别、年龄及社会赞许性倾向的影响后，自我关怀能帮助参与者在情绪稳定的情况下正视自己的道德错误，减少道德推脱和不道德行为（Yang, Guo, Wu, & Kou, 2020）。道德推脱（moral disengagement）是一个人在认知上重新解读自己的不道德行为，给这类行为找到合理的、可接受的理由，如告诉自己偷一些小东西没关系，因为这些小东西并不值钱。道德推脱本质上是一种自我服务的防御机制，是人们为了降低错误行为对道德自我的威胁，在作出不道德行为后采用一系列手段将行为合理化，以维护积极的道德自我形象的心理过程。一个人使用道德推脱策略时，更不容易内疚和自责，同时也不认为自己是一个不道德的人，这可以让他在不自责、不内疚的情况下"心安理得"地实施不道德行为。大量研究都证实，道德推脱这种合理化思维方式是诱发人们实施不道德行为的最强有力的因素。

自我关怀能使一个人对自己作出客观评价，不再激活防御机制，从而更少地作出有利于自我形象或自我利益的归因。自我关怀者通常有一个更强大的自我，面对道德失范行为时，更倾向于正视自身的错误，而非采取道德推脱这种合理化的防御机制。让我们想象刚刚提到的场景：因为家里打印纸用完了，一个员工偷偷从办公室拿了一叠纸回家，这么做与其道德观念不符。自我关怀者更善于觉察自己的行为，其内心语言是，"这么做确实不对，我明天把拿走的纸还回去"；而缺乏自我关怀者在感受到道德自我威胁后，可能会为自身的行为寻求借口，"打印纸是公用的，我拿一些也没关系"，这类人往往无法正视自身所犯的错误，最终可能引发更多、更严重的不道德行为。

自我关怀不等于自我放纵。虽然自我关怀者会用友善和关爱的态度对待自己，但这并不意味着在犯错时，他们还会"包容"自己。中国和美国的调查和研究都发现，当让人们想象自己作出捡到钱包后不归还、违反交通规则等不道德行为，或真实地在实验室中进行不道德行为决策后，自我关怀水平越高，对这些行为的接受度、容忍度就越低（Wang, Chen, Poon, Teng, & Jin, 2017）。

除了不道德行为外，自我关怀对攻击、反社会行为等伤害他人的行为是否也同样有抑制作用呢？在青少年群体中，有研究者通过问卷调查了251名男生的自我关怀水平和同伴间的攻击行为，这些攻击行为既包括主动攻击，如是否会为了得到自己想要的东西而主动发起攻击，也包括反应性攻击，如受到伤害时是否会反击。研究结果发现，自我关怀和这两类攻击行为均存在显著的负向关系（Barry, Loflin, & Doucette, 2015）。在成人群体中，也有研究者发现，自我关怀能够减少反社会行为。研究者招募了24名入狱一年以上的男性囚犯，将他们随机分到自我关怀干预组与控制组。干预组需要上11节提高自我关怀水平的课程，每周两节课，每节课90分钟；控制组不需要上任何课程。在课程开始前、结束时及结束两个月后，研究者通过《罪犯思维风格问卷》评估这些男性囚犯的与各种犯罪行为相关的认知思维方式，包括权力倾向，即在不能控制外部环境的时候倾向于努力或强制性提高自己的权力并压制别人，以及超乐观倾向，即高估自己作出犯罪行为后逃离惩罚的能力。研究者认为，量表得分越高，表明囚犯的与犯罪相关的不良认知越多。研究结果显示，与控制组相比，接受自我关怀课程的男性囚犯的犯罪不良认知明显减少，干预的效果持续了两个月；在课程结束两个月后的追踪检测中，自我关怀干预组的不良认知仍低于控制组（Rezapour-Mirsaleh，Shafizadeh，Shomali，& Sedaghat，2021）。在另外一项以74名男性囚犯为研究对象的研究中，研究者发现，进行正念冥想训练的时间越长，囚犯的自我关怀水平越高，这会进一步降低其犯罪冲动（Morley，2018）。

为什么自我关怀有利于预防和降低反社会倾向呢？以往影响反社会行为的心理因素的分析表明，较弱的自我控制、较强的愤怒情绪、低共情与缺乏社会联结是重要的影响因素，而自我关怀与四者都有紧密关联。如前文所述，自我关怀能够提高我们的情绪调节能力，在遇到挫折时更好地调控自身的情绪，减少愤怒的感受。此外，缺乏自我控制表现为缺少对未来的考虑，以自我为中心，易激惹；更偏好体力活动，难以抵制诱惑，更愿意冒险（Hirschi & Gottfredson，1995）。缺乏自我控制的人有时会出现极端行为，是罪犯的重要特征之一（Gottfredson & Hirschi，1990）。自我关怀者能够以客观、平衡的心态看待不如意的事件，有意识地觉察自己的情绪和行为，提高自控能力，减少反社会行为的发生。这一点已被反复验证：莫利及其同事（Morley，Terranova，Cunningham，& Kraft，2016）通过问卷调查了 94 名罪犯，证明自我关怀水平越高，就有越强的自我控制能力；有研究者对 125 名参与者的自我控制表现进行每日监测，结果发现，感知到的控制难度越大，参与者就越不相信自己能够胜任这项任务，因而更难成功地控制、完成该任务，而自我关怀能够减轻感知到的难度对表现的影响，帮助树立信心，恢复掌控感（Chow & Hui，2021）。最后，常常有攻击行为和反社会行为的人缺乏共情，不能理解甚至无视自己的行为可能造成的他人的痛苦（Cohen & Strayer，1996）。自我关怀能提高共情水平，增加对他人的信任和社会联结感，这些因素均能促进对他人负面经历的关爱与理解，预防反社会倾向。

自我关怀虽然是指向我们自身的品质，但它的力量能扩展到日常生活中。培养自我关怀的品质和能力，能促进人与人之间的社会关系，助推友好、互助的行为，使正能量得以传播。

第四章

寻找内在动力：
自我关怀对学习的影响

说到学习，我们每个人都不陌生。从出生开始，人类就在不断地学习，婴儿学习说话，广泛地观察世界，有意识地模仿成人的表情及动作；学龄前儿童认识颜色和物体，为进入幼儿园之后的学习作准备；进入小学的孩子开始接受系统教育，建立有结构的知识体系，学习与同伴、老师维持人际交往，了解社会规范，越来越接近成年人。此时，知识的学习开始成为一些学生的噩梦。

学校里的学习活动与之前的学习都不一样，它具有系统、统一的结构，需要较成熟的逻辑思辨能力；学校里的学习活动具有较固定、标准化的评价体系——考试，单一的评价标准意味着学生与学生之间存在相互竞争和比较。学业对大多数人来说是需要最长久面对的任务，我们时常需要克服学业上的困难，调整受挫的心态，自我关怀在其中可以发挥重要作用。

轻装上阵：缓解期待带来的焦虑

沉重的爱：学业期待压力

一谈到学习，很多人就会感受到或回想起父母、老师的殷殷期望：父母希望孩子能考上好大学，过上更好的生活；老师希望学生能再接再厉，继续进步。而我们会内化家长和老师的期望，开始给自己施加压力：希望自己能够不断突破极限，尽力做到完美、不出错，不断进步。每个人真的能一直保持进步的状态吗？答案是否定的。当我们觉得自己让父母、老师失望了，压力就随之产生。这种压力源于我们没有达成期待的目标，没有达到他人或自己设定的标准。例如，这次考试打算考进班级前十名，但最后没能成功，考了第十二名。在其他同学看来，第十二名已经是个不错的成绩，但我们觉得自己不够好、不够聪明或不够努力，油然而生的懊恼以及对下次考试的担忧可能会让人睡不好觉。假如这个考进前十名的目标是老师或家长指定的，没能达到他们的期望，我们就会更加责怪、批评自己（Poots & Cassidy, 2020）。

据统计，由父母、教师或自己的学业期待引发的压力是学生群体最主要的压力来源之一（Li, Lin, Bray, & Kehle, 2005）。一方面，对处于学习阶段的学生而言，他并不是一个人在奋斗，大部分学生在这个时期或多或少都面临学业期待的压力；另一方面，大部分人都重视教育，对学生的学业期待只增不减，呈持续增长趋势。

其一，"望子成龙"——来自父母的学业期待压力。父母对孩子学业的期待为什么会造成压力？这一方面可能与我们的"孝顺"文化有关，"孝顺"是我们面对父母时的重要准则与美德。要做一个孝顺的孩子，就要求我们一定程度上需要考虑父母的想法和意愿。另一方面，这也与父母对学业成就的重视程度有关。获得教育成就（如考上好大学）是向上流动的重要途径（Sue & Okazaki, 1990），我们文化中的"出人头地""吃得苦中苦，方为人上人"都体现了这种观念。西方文化亦如此，美国的研究显示，对亚裔美国人来说，教育已经成为社会阶层流动的重要手段，没有受过教育的人很难突破所属阶层。尤其是自己没有得到很好的教育机会的父母，这种观念可谓根深蒂固，他们将厚重的期望放在子女身上。

其二，学习中的重要他人——来自老师的学业期待压力。相较西方国家对个体主义文化的强调，东南亚国家更强调集体主义。在集体主义文化中，每个人的行为规范和准则是：先要考虑父母，再考虑其他重要他人，之后才是考虑自己。在学校，老师就是学生的重要他人。学校教育少不了标准化测试和评估，老师自然会对学生考出优异的成绩有所期待，这些学业期待不可避免地会对学生产生影响。人们熟知的皮格马利翁效应就说明了老师对学生的期待深深影响其学习动机与学业成就。对老师、对学校认同程度越高的学生，越倾向于回应老师的期待，按照老师的要求行事（Ang & Huan，2006）。老师的期待会逐渐被学生内化成自己的标准，在一定程度上影响学生的表现。例如，老师认为某个学生是聪明的、努力的，可以完成有挑战性的任务，学生感知到这一点后会更努力学习，获得学业成功，这反过来证实了教师的观点，这一现象被称为"自证预言"或"自我实现的预言"。但学习通常并非一帆风顺，过高的动机和压力反而会引发焦虑，降低学业表现。当学生害怕、担忧自己无法达到教师的要求，或无法回应老师的期待时，压力就出现了。

其三，内化的标准——来自自己的学业期待压力。学生对自己的学业期待可以分为两部分，一部分源于学生愿意学习和获取知识的内在动机，他们希望自己能够好好学习，争取每天都能有一些小进步或小收获，尽管这种期待有时候会引发焦虑，但一般不会对其情绪和心理产生消极影响。因为这个时候学生的目标是获取知识，如果比昨天学到更多，就会感到快乐、满足。另一部分期待则源于学生内化了父母及老师的要求：他们对学习没兴趣，并非自发地想要学习更多的知识，取得更大的进步，而是在父母及老师的影响下，认为"自己应该取得好成绩，应该表现得更好"。内化了他人的标准后，他们没有其他选择，好好读书、取得好成绩变成唯一的目标，成绩波动时就会产生无限压力。

研究者一般使用《学业期待压力问卷》(academic expectations stress inventory; Ang & Huan, 2006) 测量学生总体上感受到的压力感。该问卷包括9个题目，其中一些题目反映了没有达到自己设定的标准时，由自我期待引发的压力，例如，"当我没能实现自己设置的目标时，我通常会担心得睡不着"；另一些题目则反映了来自重要他人（老师与父母）的期待引发的压力，例如，"当我不能实现父母对我的期望时，我会责怪自己""当我在学校表现不好时，我觉得我让老师失望了"。研究者让学生根据自己的实际情况，评价自己出现题目描述的这些情况的频率，最后计算9道题目的平均分。得分越高，说明体验到的学业期待压力越大。

哪些因素会影响学业期待以及学生感知到的学业期待压力呢？在父母的期待方面，父母自身的受教育水平、从事的职业类型将影响父母对孩子的期待。研究者对牙科专业学生进行的研究发现，那些服从父母的要求、跟随父母的脚步学习牙科专业的学生，比凭借自己的兴趣与意愿选择牙科专业的学生，感受到更高的学业压力（Tangade, Mathur, Gupta, & Chaudhary, 2011）。让我们设身处地，把自己放在同样的情境中体会一下：这些因为父母的压力而选择牙科专业的学生，如果自己对牙科专业有一定兴趣，就还不是最痛苦的学生；最痛苦的学生是根本不喜欢牙科专业，但迫于父母的压力，不想让父母失望而选择该专业，强迫自己作出成就的学生。在这种情况下，每一次学习都会备感煎熬。不过，父母受教育的水平和学历与他们对孩子的期待程度之间的关系非常微妙：一些研究者认为，自身学历越高、职位越好的父母会越重视教育，孩子感知到的期待应该越高，但有研究发现了相反的情况——没有读过大学的父母认为自己的经历已无法改变，会比读过大学的父母更期望孩子能有一番成就，对孩子的学业期待更高（Sangma et al., 2018），这可能是因为没有受过良好教育的父母更能体会教育对孩子将来生活的重要性。

学业期待压力还具有性别差异，但目前研究结论并不一致。究竟是男性的学业期待压力更大，还是女性的学业期待压力更大？我们还不能回答这个问题。例如，从自我期待的角度来看，一些研究发现女性对自己的期待高于同领域的男性对自己的期待（DuongTran, Lee, & Khoi, 1996），她们自我报告的感知到的压力也更大（Backovic, Zivojinovic, Maksimovic, & Maksimovic, 2012）。从父母期待的角度来看，另一些研究发现，父母对女孩在学业上的期待可能高于对男孩在学业上的期待（Child Trends Databank, 2018）。但生理学证据表明，在面对学业挑战时，男性的"应激激素"的水平，即皮质醇激素水平，要高于女性的皮质醇激素水平（Stroud, Salovey, & Epel, 2002），所以男性的压力应激反应更大。还有一些研究者推测，男性和女性在学业期待压力上的差异源于社会对男性与女性角色的期待不同，对男性和女性通过教育达成的未来成就的期待也不同，男性和女性的应对方式因而存在差异，这些社会期望不同程度地改变了学生的压力感知。

自我关怀调节学业压力

学业压力会对学生的幸福感、心理健康发展有重要影响，自我关怀能否帮助学生调节学业压力，在学校形成更好的学习状态呢？

近期，阿尔斯特大学的波茨与卡西迪（Poots & Cassidy, 2020）采用横断调查研究的方法，探讨了自我关怀、心理资本、社会支持、学生学业压力和幸福感的关系。他们招募了 258 名大学生，年龄在 18—39 岁之间。在填写正式问卷之前，同意参加研究的大学生要先填写描述性基本人口学信息，包括年龄、性别、父母的受教育程度及职业、是否有兄弟姐妹、是否是家中第一个接受高等教育的人等，这些信息可能影响学业压力或幸福感。接下来需要填写正式问卷，包括《学业期待压力问卷》《简版沃里克爱丁堡心理健康量表》《简版自我关怀量表》《心理资本量表》等多个量表。在伦理委员会批准研究申请后，研究者将问卷上传到相应的软件，形成对应链接，通过电子邮件发给大学生，邀请他们填写问卷。回收的调查数据采用层次多元回归和结构方程建模进行数据分析。研究结果显示，在控制了是否有兄弟姐妹、性别、是否是家庭中第一个接受高等教育的人等人口学信息后，学业压力、自我关怀及社会支持仍然对幸福感具有预测作用。进一步的中介分析显示，学业压力与幸福感之间的负向关系受自我关怀和心理资本的影响。学业期待压力越大的大学生，他们的自我关怀和心理资本就越少，幸福感也因而越低。

另一些调查研究显示，自我关怀能负向预测学生的自我设障（self-handicapping）。自我设障通常是学生为了保护自己的面子或能力感，在完成任务时故意给自己创设障碍，如在考试前故意玩电脑、看漫画，宣称自己对学习一点兴趣也没有。自我妨碍行为虽然事实上降低了成功的概率，但这种行为可以被视为一种防御方式，学生通过创造方便的、合理化的借口来掩盖自己的失败，不去面对真正的原因——欠缺能力。这样的行为只是一时保全了面子，对提高学生的自我效能感和成绩没有益处。对自己抱持关怀、友善态度的学生更能够接纳自己的缺点和不完美，自我设障行为相对更少，焦虑感也更低

（Barutçu Yıldırım & Demir，2020）。

自我关怀确实可以保护学生的心理健康（Kotera，Conway，& Van Gordon，2018）。在学校，学生需要参与课堂发言和讨论、向老师提问、寻求帮助或进行小组合作，这对提高学生的学习参与度、学习成绩和增加班级归属感有重要作用。但当众发言或参与讨论并不是件简单的事，有些学生会害怕他人的评价或担心自己表现不够好，不敢公开发表意见；提高发言的积极性也需要我们对自己有正确、稳定的评价。基于大学生群体的横断研究发现，自我关怀与评价恐惧具有负相关关系，与课堂中的发言与交流行为具有正相关关系。具体而言，善于自我关怀的学生更不回避课堂讨论，更乐于向同学和老师寻求帮助、提问和交流，这是因为自我关怀降低了对他人评价的担忧和恐惧（Long & Neff，2018）。可见，自我关怀可以缓解学生的学业期待压力、焦虑、评价恐惧，从而能够增进学生在学业情境中的积极体验和心理健康。

树立积极目标

你为什么学习？

人为什么学习？是什么因素驱使学生到学校学习知识？你思考过这些问题吗？每个人学习的原因可能不同，也许是父母让你这么做的，也许是你觉得学习很重要，也许是你喜欢学到新知识时的兴奋和激动感……当然，也许你此时懵了，发现自己不知道为什么要学习。

藏在学习行为背后的原因我们称之为"学业动机"。心理学上说的动机指激发、引发、维持个体的行为，并使行为指向某一目标的内

第四章 寻找内在动力：自我关怀对学习的影响

部动力。当这些行为出现在学业领域，该动机便被称为"学业动机"。大量教育研究证实，学生的学习是否有效不仅取决于能力（知识、技能和策略），而且取决于学习的意愿，后者可能更重要。

自我决定理论对学习动机进行了细致分类（Deci & Ryan，1975；Vallerand et al.，1992）。该理论认为我们的每一个行为都是有原因的，这种原因的感知可称为"原因知觉点"（perceived locus of causality，PLOC）。每个人实施行为时自主、自愿或自我决定的程度有所不同，学业动机因而可大致分成三种类型——内部动机、外部动机和无动机（图 4-1）。

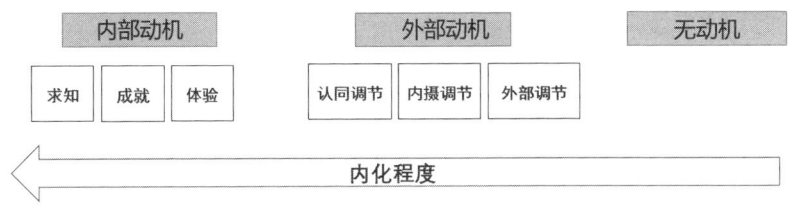

图 4-1　自我决定框架下的学习动机分类

内部动机指一个人参与某项学习活动是出于对活动本身的兴趣，出于参加活动的快乐和满足感。这种行动本身就能带来愉悦的感受，让人发自内心地想要参与其中。这种动机出自内心意愿，与其他因素无关。内部动机又可以分为三种类型——求知动机、成就动机和体验动机。求知动机是想要理解知识的动机，可以理解为一个人参与活动是为了在学习、探索或尝试理解新事物时感受到愉悦与满意。当你学了新知识，你会特别开心，下次还想继续学习这方面的知识，这就是求知动机。成就动机是指因为想要体验完成或者创造某物时的愉悦和满意而参与活动，如在完成期末论文时不局限于老师的要求，选择为了体验超越自己的愉悦感而努力查找资料，反复修改，这时产生的动机就是成就动机。体验动机是说一个人参加某项活动是为了体验刺激的感受，这类感受包括感官愉悦、审美体验、乐趣及刺激感。有人喜欢蹦极是因为从高空下坠能带来极大的刺激感，让他感觉愉悦，这就是体验动机。内部动机总的来说可以用"我喜欢、我乐意"六个字来概括，行动完全出于自己的意愿，很愉快，所以会自然而然地发生。

外部动机则是指一个人实施一系列行为是将其视为达到目标的手段，而不是出于自己的意愿。根据产生的原因可分为三类——外部调节动机、内摄调节动机和认同调节动机。外部调节动机一般出现在最初的学习生涯中，即学习行为是由外部因素驱使的，是为了避免某些惩罚或得到某种奖励而去行动。内摄调节动机是一个人为了避免内心产生的内疚或惭愧，认为自己应该做某件事。再进一步，当他认为一个行为是有价值的、重要的，尤其是发自内心认同自己应该做这件事时，内化的外部动机发展成认同调节动机。这三种外部动机体现了动机逐步内化的过程，但它们都不是出自自己的意愿，而是受他人或外界因素的影响才有了作出某种行为的动机，因此仍然归属在外部动机的框架下。

在你年幼时，你总感觉爸爸妈妈考试前强迫你复习功课，不让你看电视，你迫于父母的压力和权威而去学习，此时的学习动机就是纯粹的外部调节动机。随着年龄的增长，这种外部动机开始内化，变成内摄调节动机。虽然已开始内化行为的原因，但仍然不是自己决定的，所以考试前你觉得自己不复习可能会对不起爸爸妈妈的培养，觉得复习是一件"应该做的事"，但不完全是自己想要做的事。渐渐地，如果你考试前开始复习是因为这对你来说很重要，复习的行为是由你

第四章 寻找内在动力：自我关怀对学习的影响

自己判断并作出的决定，虽然它仍然不是出自内心深处的意愿，并不是因为"我喜欢"才去做，而是因为结合过去经验判断出"这件事很重要"才去执行，也依然可以说，你拥有了认同调节动机。

除了内部动机和外部动机，还有一种动机状态叫"无动机"。无动机是说一个人的行为不受任何动机的驱使。当处于无动机状态时，我们无法意识和感知到行为与结果之间的联系。换言之就是我们没有思考过这个问题，也不知道自己为什么要这么做。当无动机的人感觉自己"很无能"，或者当他们认为身上多了对他们来说不可控的、来自父母或家长的期待时，他们会突然开始思考和询问自己为什么要去学校学习。这种情况一旦发生，在没有得到父母或教师积极干预的情况下，他们最终可能会以辍学这种方式结束自己的学习生涯（Vallerand et al., 1992）。

自我决定理论作为一种积极的动机理论，自提出以来对促进个体在学业、工作和运动等方面的表现，以及促进幸福感方面都有深远的理论与实践影响。大量实证研究发现，相比外部动机，自主的、内部的动机更有利于提高儿童、青少年的学业成绩，更能促进组织环境中员工的工作绩效，还更有助于改进运动员在训练和比赛中的表现。此外，内部动机比外部动机更能使人感到快乐，也更能推动人坚持从事某项活动，获得持久的幸福和积极体验（综述见 Deci & Ryan, 2010）。

学习目标与学业动机紧密相连，也影响我们的行为。在学习过程中，有时候你会把最终目标分解成许多不同的小目标，一个一个地去实现，但这里要介绍的"成就目标"（acheivement goal）与你平常设置的学习小目标并不完全一致。成就目标是一个人对成就的目标定向，在学习中是与学业成就相关的目标信念，这些目标信念也存在不同类型。目标定向包含了追求目标的理由和我们用来评估目标实现进展的标准，它能够影响一个人的成就感及对成就的解释（Ames & Archer，1988）。

成就目标可分为四种，即掌握趋近目标、掌握回避目标、成绩趋近目标、成绩回避目标，都可以使用《成就目标定向量表》来测评（刘惠军，郭德俊，李宏利，高培霞，2006）。前两种目标与掌握有关，即关注的是获得某种能力；后两种目标与成绩有关，即关注的是看起来的表现。具体来说，掌握趋近目标是一个人关心自己能力的提升及对任务的把握，喜欢有挑战性的任务，不害怕失败，把失败看成一种不断提高的途径。反映该目标的题目有"我喜欢学习是因为它能让我增长知识"。回想一下，你在学习过程中会不会有这样的时刻：一心一意地钻研，就想把某个题目的解题思路理清楚；如果自己能力有限，就去请教老师和同学，直到完全掌握。与之对应的掌握回避目标是担心自己无法完全掌握任务而回避它，担心失败并以不犯任何错误为标准的目标。反映该目标的题目有"考试时我经常担心自己再犯以前出过的错"。成绩趋近目标是一个人在完成任务的过程中倾向于表现自己，以自己的成绩或表现超越他人而获得积极评价为目标。反映该目标的题目有"在班上，我总是尽量争取比别人表现得更出色"。这可以举例说明：当班里只有你一个人可以回答老师的问题时，你会感觉自己非常棒；如果老师当众表扬你，你会觉得自己比其他同学更优秀。成绩回避目标是指一个人在完成任务时倾向于尽量避免犯错，避免在他人面前暴露自己的不足以及可能存在的消极评价。反映该目标的题目有"学习时，我最担心的是别人认为我很笨"。很多人不愿意向其他同学请教问题，就是因为担心别人认为他们很笨；不喜欢在课堂上举手发言，也是担心自己表现不好。

你可能会想，自己在不同时刻或者不同领域中的成就目标似乎是不同的，这其实很正常。人的整体成就目标可能是由多种目标组合在一起的复合体，具体领域或阶段中的成就目标会随着情境改变而发生变化。

破除恐惧，正视问题

一些人认为，太关怀自己会让他们放松对自己的要求，整天无所事事，终日上网，吃垃圾食品，日夜颠倒……在某种程度上，自我批评确实能指导和激励行为，那是因为当我们没能达到期望和标准时，我们会感到恐惧。但当人们过分害怕因失败而受到批评，反而会放弃尝试，放弃努力。自我苛责确实在一定程度上能够提供行动动力，但这种动力更接近上文中的外部动机，是不情不愿的，不能带来满足感和快乐，也对出色完成任务没有帮助，不一定带来能力的实质性提升，有时反而让我们拖延不前。

自我关怀的关键作用是，即便暂时遇到挫折，自我关怀者也能安抚自己的情绪，客观分析当前困境，而不是回避。调整好心态，正视问题之后，自然有更多力气继续前进或努力提高自己，对学习仍然能保持积极的内部动机。更重要的是，放弃一部分的自我批评之后，用来处理自我批评的资源就相应节省下来，给用来学习的"元认知"提供足够空间。元认知是我们对自我认知过程的认知，以及对这种认知过程的自我监督、计划与调节（Flavell，1979）。如果这部分资源能够投入元认知过程，即放弃自我批评，处理好情绪，我们就能够更理智地作出决定并付诸行动。确定好方向，学习才会事半功倍。

加州大学伯克利分校的研究者布赖内斯和陈（Breines & Chen, 2012）发表了一项研究的结论。他们通过四个实验检验自我关怀能否激励人们改正缺点，改善过去错误的行为，以及修正过去的不良表现，探究自我关怀能否推动人们自我提升。这项研究通过社会心理学的研究方法，探究自我关怀对动机的影响。

实验一中研究者想要检验自我关怀能否在心态上增加自我提升的动机，即自我关怀是不是能够提高人们的增长信念（incremental beliefs）。增长信念指人们相信自我的某些方面是可以改变的。例如，持有增长信念的人会认为我们的能力并非天生注定，也并非永远不变，而是能够随着努力和练习逐渐提高。这种观念有助于学生增加学习的效能感，更能坚持下去。一共有69名本科生参与实验，参与者被提前告知实验目的是了解人们看待个人弱点的不同方式。在实验开始时，研究者首先要求参与者用一两句话描述自己最大的不足或者缺点，然后参与者被随机分配到三个组中：（1）自我关怀组，要求参与者在3分钟内写下对问题的回应——"想象你正从关爱或理解的角度与自己谈论这个弱点，你会怎么说？"（2）自尊组，要求参与者反思并说明他们发现的弱点，但重点是在描述弱点后说出自己的积极品质，进行自我确认。（3）中性控制组，参与者在概括自己的弱点后不再进行下一项任务。完成上述描述和分组活动后，参与者评定自己的情绪状态，最后还需要花5分钟时间书面回答两个问题：你是否曾经做过什么以改变自己的弱点？你认为自己的弱点来自哪里？这些书面回答由两位独立的研究助手进行编码，以评定这些回答在多大程度上反映了参与者具有增长信念，或者表明参与者在多大程度上认为他们的缺点是可以改变的。实验一的结果显示，不同组别的参与者的增长信念存在差异，自我关怀组参与者的增长信念明显强于自尊组和中性控制组的参与者；积极情绪不会因不同的实验处理而产生差异，也就是说，自我关怀引发增长信念的改变并不能简单地用"情绪获得了改善"来解释。

实验一的结果说明，当我们采用自我关怀的方式对待自己的弱点，就更会认为这些弱点是可以改变的，但增长信念的增强能不能带来行为上的转变呢？会不会增加人们接下来纠正、改善错误行为的动机呢？实验二就在道德领域探讨了这两个问题，他们要考察自我关怀会不会让一个人在作出违规或不道德行为之后开始想要改正错误行为，例如承诺不再犯相似的道德错误，或想弥补过去的错误。实验二共有100名本科生参加在线调查，有效样本量为91人。在实验前研究者告知参与者，实验目的是了解人们如何看待发生在日常生活中的不同类型的事。参与者首先需要描述他们最近作出的道德失范行为，具体指导语为："请回忆一下在最近一段时间里，你做了哪些自己认为不对的事情，并且在事件发生之后你感到内疚、后悔及自责。例如，你可能在一次考试中作弊了，或者欺骗了你的另一半，或者背叛了朋友的信任，或者做了一些对你自己或他人有潜在危害的事情。请试着回想一下，最近发生的这些让你感觉糟糕且回想起来仍然觉得很糟糕的事情。"为了避免参与者不愿意写下类似的事件，研究者告知参与者，他们的回答是匿名的，不用担心会被人看到。所有参与者都需要描述整个事件，接着研究者将参与者随机分配到自我关怀组、自尊组和积极控制组中。自我关怀组的指导语为："接下来你需要从关怀的角度反思你所写的事件。请在下面的空白处为自己写一段话，表达对上述事件的善意及理解。"自尊组的指导语为："请在下面空白处写一段话来描述你的积极品质，例如你为自己感到自豪的个人品质和成就是什么？"积极控制组的指导语为："请你描述自己的爱好。"在完成书写后，参与者同样汇报了自己当下的情绪。最后，参与者还需要填写一份问卷，评估他们弥补过错的意愿以及对今后不再犯同样错误的承诺程度。

实验二的结果显示，参与者报告的自我提升动机的差异很明显，自我关怀组参与者的改善动机最高。正如预测的那样，面对自己犯下的道德过错，相较增强自尊或只是提高快乐情绪，自我关怀会让我们更有动力去弥补并下决心不再犯类似错误。同样，这三组参与者报告的积极情感并无显著差异，研究者将其作为控制变量后，上述研究结果一样稳定，这说明积极情感并不能解释自我关怀与自我提升动机之间的关系。

在实验三中，研究者不再采用回忆的方法来诱发参与者关于挫折、错误等事件的体验，而是在实验室中真实地创设一个让参与者"失败"的场景，然后观察自我关怀对提升动机的影响。共有 86 名加州大学伯克利分校的本科生参与实验，研究者告知参与者，这个实验的目的是了解测试表现和人格特质之间的关系，然后要求他们完成一个难度很大的单词任务，一共 10 道题。预实验证明，这个任务对大多数本科生来说都相当困难，很多参与者表现不佳（也就是说会经历失败）。参与者之后被随机分配到三个组中：（1）自我关怀组，参与者在指导语中看到的附加陈述为："如果你感觉刚才的测试很难，请记住这非常正常，大学生在这样的考试中通常都会感觉很难。如果你为自己的表现而难过，请试着不要对自己太苛刻。"（2）自尊组，参

第四章 寻找内在动力：自我关怀对学习的影响

与者看到的附加陈述为："如果你感觉刚才的测试很难，试着不要认为自己很差劲——你能考上加州大学伯克利分校，就说明你一定是个聪明的人。"（3）中性控制组，参与者没有在这一阶段看到额外的陈述。所有参与者随后都有机会进行第二次学习和测试。研究者告知他们想花多长时间学习这些单词都可以，然后让他们填写对第一阶段测验的看法（例如难度和对自己表现的评价），以及对自己在第二次测试中能表现得多好的期望。最后，参与者完成第二阶段的测试，同样也是 10 题。

对实验三结果的分析发现，参与者在第一阶段的测试中平均只能答对 4 题，这说明大多数参与者的表现并不好。如预期的那样，第二次测试的学习时间不同组差异显著：自我关怀组参与者学习时间更长；学习时间与第二次测试成绩具有正相关（相关系数为 0.37）。不同组别在第二次测验成绩上的差异虽然不具有统计学意义上的显著性，但从均值来看，自我关怀组参与者的得分（均值为 7.4）略高于另外两个组（均值分别为 6.9 和 7.0）。尽管自我关怀的干预没有直接提高学生的测验成绩，但这短暂的干预增加了学生学习的坚持性，而坚持学习长期来看能够提高测验得分。我们可以推测，如果长期持有自我关怀的心态，学生就能够更好地应对学业上的挫折和失败，在受挫后也能不气馁，继续坚持学习，从而获得更高的成就。

在实验四中，研究者希望将这些结果扩展到一个不同的行为领域，即社会比较偏好。以往研究表明，进行向上的社会比较，即与那些看起来比自己更好的人接触和相比往往反映了自我提升的动机（Taylor & Lobel，1989）。虽然向下比较（与看起来比自己更差的人比较）可以提高自尊，但向上的比较和联系可以为我们提供希望、信心和活力。实验四就是想探索自我关怀会不会影响人们向上比较的倾向。实验四扩大了招募参与者的范围，从美国各地招募参与者，希望研究结果更具有普遍性，最终有效参与者为73人。

　　研究者一开始告诉参与者，这项研究的目的是了解人们看待个人弱点的不同方式。跟实验一类似，参与者首先要说出自己的一个弱点，不过，这一次，研究者要求参与者选择的弱点必须是他们认为可以改变的弱点，然后将参与者随机分配到三个组中：（1）自我关怀组参与者看到的陈述为："在下一个环节中，我们希望你写一段话来表达对你之前描述的个人弱点的关怀和理解。换句话说，请你试着用关心和关爱的方式对待自己的弱点，而不是用批评的方式对待它。"（2）自尊组参与者看到的陈述为："在下一个环节中，我们希望你写一段话来描述你自己在哪些方面拥有积极的品质，这些积极的品质能够与你之前描述的弱点形成对比。换句话说，请试着把注意力集中在那些让你对自己感觉很好并引以为傲的品质上。"（3）中性控制组参与者被要求描述一个自己的爱好。同样，所有参与者都需要完成一些情绪测试和操纵检验的题目。接下来，参与者要评估自己的社会比较偏好，想象并选择与以下三人中的哪一个人进行社会互动：A是与参与者有相似弱点但成功克服它的人（表示向上比较倾向）；B是与参与者有相似弱点的人（表示横向比较倾向）；C是与参与者有相似弱点但程度更严重的人（表示向下比较倾向）。最后，参与者填写一份关于在多大程度上想改善弱点，进行自我提升的动机问卷，包括的题目有"我想学习和提高自己"等。

　　研究结果显示，大多数参与者完成社会比较偏好任务时都倾向于进行向上比较（62%）或横向比较（31.5%）。自我关怀组参与者最

第四章 寻找内在动力：自我关怀对学习的影响

有可能进行向上的社会比较，而不是向下或横向的社会比较。也就是说，他们更可能选择一个成功克服了相似弱点的人作为互动伙伴，而不是有相似弱点或更糟弱点的人。除此之外，参与者的自我提升动机在不同条件下有显著差异，自我关怀组参与者有更高的自我提升动机。同样，积极情感在不同条件下无显著差异。研究者在控制这个变量后，不同条件对自我提升动机的影响仍然显著，说明自我关怀对自我提升的作用并不能用积极情感来解释。

四个实验的结果支持这样的假设：当人们回忆自己的缺点、道德失范行为，或在现实生活中遇到挫折与失败时，如果激活自我关怀的心态，尝试用理解和友善的态度面对自己，就能够增强自我改变的增长信念；更愿意弥补过去的错误，对未来不再重复过去的错误作出更多承诺；同时在失败后会更愿意尝试，学习更具有坚持性；自我关怀者也更愿意与那些比自己优秀的人比肩，更有动力改变现在的弱点。这些研究证明了自我关怀会增加自我提升的动机，这样的研究结论相对来说具有跨人群、跨领域的一致性。

这些研究也从动机的视角再次证实了自我关怀不会让我们自我放纵、自甘堕落，反而会鼓励我们作出现实、客观的自我评价，而不是作出阻碍个人成长的过高或过低的自我评价。关怀心的独特之处在于，它为我们提供了一个安全、放松的环境，让我们用客观的方式面对自我的消极面，这会让我们更想努力改善自我，因此是一种有效的激励我们改变的方式。

在实验二中，研究者发现，自我关怀可以帮助人们认识到自己过去犯的错，更愿意修正与弥补。但此研究中大学生提及的都是一些日常典型的违规行为，对于那些更严重的违法行为，自我关怀能否起作用还需要谨慎探讨。研究者也发现，相较提高自尊，提高自我关怀更能推动人们改变自己。和自尊一样，自我关怀也可以作为自我批评的缓冲区，但与自尊不同的是，自我关怀不需要夸大自我评价，因为那会妨碍自我完善的动力。过去的研究也发现，在学习和成长的背景下，自尊的保护功能没有想象中那么有用，因为要激励一个人去改变，必须有准确的自我评价。

实验结果对提高教育环境中学生积极的应对方式也是有启示的。自我关怀可以帮助学生以一种促进成长和进步的方式来应对失败，不会削弱上进的动机。不过，随着时间的推移，自我关怀能不能推动行为的持续改变，还需要进一步的研究。例如，让学生学习对失败和糟糕的表现作出自我关怀的反应，长期来看能否引导学生养成更好的学习习惯，在整个学期中表现得更好，尚且需要观察。另外，自我关怀的干预与培训能否激发我们前文谈论的自主学习动机尚未可知。总之，目前的研究结果表明，相较其他反应方式，自我关怀确实效果更佳。在学习道路上，不可避免地会遇到障碍和挫折，如果学生能够养成自我关怀的心态，改变就没那么可怕了。

在学业层面上，自我关怀与动机之间的研究仍不充分，仅有一些初步探索。如研究者探究了学业卷入、学业动机、自我关怀等积极心理结构对学生心理健康的影响（Kotera & Ting，2019），他们发现自我关怀是预测学生心理健康最强的因素。还有一项研究关注大学生完成小组作业，遇到组内成员发生冲突时，自我关怀以及对他人的关怀是否有助于他们解决当前冲突，并影响成员的情绪以及成员对完成小组作业的投入与贡献（Park，Long，Choe，& Schallert，2018），结果是自我关怀能正向预测小组作业进行中的积极情感，对他人关怀可负向预测消极情感。另一项研究检验了大学生自我关怀与学业成就动机、学业目标之间的关系，发现自我关怀与学生的掌握目标具有正相关，与表现目标具有负相关；自我关怀也能正向预测学生的内部动机（Neff，Hsieh，& Dejitterat，2005）。

自我关怀会给予我们改变的力量，这种力量源于内心，能带来源源不断的动力。像对待他人那样大胆地关怀自己吧，自我提升的力量是很宝贵的。自我关怀带来的积极影响，是没有尝试之前无法想象的，请迈出这一步，充满勇气地开始新的生活。

第五章

自我关怀时，我们的大脑在做什么？

当我们自我关怀的时候,大脑是如何运转的?自我关怀与大脑哪些区域有联系?对自我关怀神经机制的探索仍处于萌芽阶段,但它已经成为下一阶段拓展自我关怀理论的关键领域。

我们大脑的基本脑区

人类大脑的功能和结构是复杂的,目前关于人类大脑的解密工作仍在进行中。根据现有了解,我们的大脑都具有哪些基本的区域,这些区域又负责哪些功能?在我们思考问题、认识世界时它们分别发挥什么样的作用,是协同工作还是独立工作?这些都是脑科学与社会认知神经科学孜孜不倦探索的话题。接下来,我们简单了解和认识在自我关怀相关脑机制研究里会出现的脑区。

我们先来听一个故事。图5-1中的这个人叫盖奇(Phineas Gage),

图5-1 盖奇——开启前额叶研究的病人
(引自Grieve,2010)

第五章 自我关怀时，我们的大脑在做什么？

这张照片里他手持一根铁夯，看起来是不是有点奇怪？但就是这根铁夯改变了他的一生。相信细心的你已经发现，盖奇的左眼是闭着的，似乎受了很重的伤，这一切究竟是怎么回事？

盖奇是美国的一名负责爆破岩石的铁路工人。1848 年 9 月 13 日，盖奇一如往常地准备好了爆破工作，将炸药布置好，为后续修建新的铁路作准备。正当他用一根铁夯将炸药填塞到工作孔时，一颗火星意外点燃了炸药。虽然他的头歪向了一边，但意外引爆的炸药直接炸飞了他握着的这根铁夯。很不幸，这根铁夯从他左颧骨下方穿入头部，撕毁了他大脑左侧前段的组织，从眉骨射了出去，最后在他身后落下。这根铁夯长约 1.1 米，重 5.04 千克，一端直径为 3.18 厘米，另一端的直径为 0.64 厘米，给盖奇造成了严重的损伤。幸运的是，盖奇活了下来。同时，他虽然受了如此严重的伤，但并未完全失去知觉和意识。据麦克米伦（Malcolm Macmillan）所著《异乎寻常的声誉：盖奇的故事》里的描述，救治盖奇的外科医生约翰·哈洛（John Harlow）提供了第一手资料：在救治过程中，他虽然完成了为盖奇剥落已经凝固的血块和脑浆，并用手指从伤口两端挑出头骨的碎片等工作，但在整个过程中盖奇并未感受到不适、疼痛，甚至向他表示，治疗结束后自己还会继续完成爆破工作。14 天后，由于伤口恶化，开始感染和肿胀，约翰·哈洛紧急为盖奇做了手术。正如盖奇的肖像所示，他的左眼被缝合起来。手术结束后，盖奇反复陷入病危状况中。但在事发 2 个多月后的 11 月下旬，盖奇病情好转，最终康复并回到家中，他还重新回到工地开始工作。他的同事说，虽然盖奇头上有个洞，但他的表达和思维似乎与正常人差异不大，盖奇本人也没有疼痛的感觉。

盖奇的故事似乎奇迹般走向一个好的结局，但在第二年的复查中，医生发现了异样。哈佛医学院的医生为盖奇复查和评估后，表示盖奇的生理和精神功能已经完全康复，但性格发生了很大的变化，仿佛本能和理性间的平衡被破坏了。在事故发生前，盖奇是一个非常有能力且富有工作效率的班长，思维敏捷，待人和善，生活中也一直是一副彬彬有礼的样子。事故发生后，虽然盖奇看起来似乎已经痊愈，但他性情大变，变得脾气暴躁，粗俗无礼，对周围的所有人和事物都缺乏耐心且情绪反复无常，甚至无法很好地计划和安排即将要做的事情。盖奇的亲友都表示，他已经不是他们熟知的那个盖奇了。

为什么盖奇身体功能已经恢复，却出现了性格和行为控制方面的变化？问题的答案就在盖奇受损的额叶上。在此之前，科学家和医生认为，额叶可能不负责什么功能，因为大多数额叶受损的患者都像盖奇一样，他们的记忆力、语言能力和智力等与受损前相比没有出现明显的差异。现在，盖奇受伤后行为与性格的巨大转变改变了科学家和医生的想法，催生新的研究热点，研究者开始将前额叶与高级认知功能联系起来。1994年，美国南加州大学的研究者达马西奥夫妇（Antonio R. Damasio & Hanna Damasio）利用电脑技术重现了盖奇受伤的情形，让盖奇的故事回到公众的视野中。达马西奥夫妇通过对颅骨的测量和现代神经成像技术模拟了发生意外的过程，确定了可能损伤的位置。他们认为，盖奇的左右脑都受伤了，才导致其理性决策和情感处理的缺陷，这一研究成果登上第264期《科学》（Science）杂志的封面。后续有更多的科学家采用现代技术研究盖奇的故事，毋庸置疑，盖奇的故事让研究者更进一步地了解了大脑区域的功能，尤其是前额叶的作用。

第五章 自我关怀时，我们的大脑在做什么？

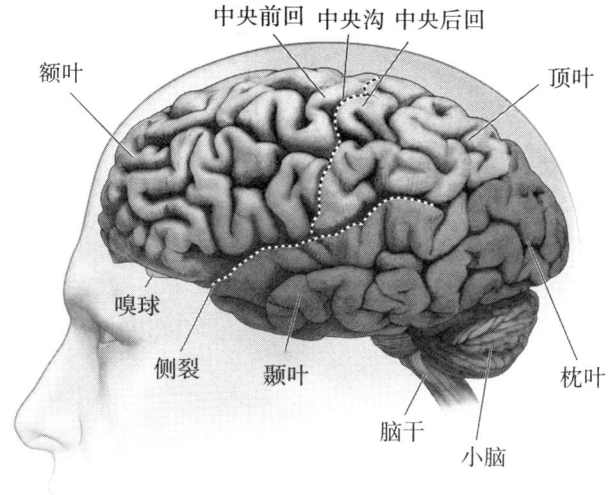

图 5-2　四个脑叶的位置及分界
（引自 Watson & Breedlove，2012）

让我们看一看前额叶的位置。如图 5-2 所示，大脑通常被分为两个半球，两个半球又被分为四个脑叶，分别是额叶（frontal lobe）、顶叶（parietal lobe）、颞叶（temporal lobe）和枕叶（occipital lobe）。前额叶就是额叶的前端区域，依据各个区域的位置，我们通常将人类的前额叶皮层分为背外侧（dorsolateral）皮层、腹外侧（ventrolateral）皮层、眶额（orbitofrontal）皮层、额极（rostral）皮层和内侧（medial）皮层。研究者现在普遍认为，前额叶在组织和控制目标导向的思想和行为方面起重要作用，是大脑的高级认知功能区（Luria，1966；Stuss & Knight，2013）。前额叶的每个区域也有更细化的功能，目前我们探知的功能包括对工作记忆、规则学习、计划、内源性注意和动机等表现的影响。例如，我们上课的时候，需要一直保持注意力倾听老师讲述的内容，这个时候我们的前额叶就在工作。前额叶还与决策、抑制能力、情绪控制及其他社会交往功能等相关，在语言、空间注意力和决策行为上也起重要作用。我们可以发现，前额叶所起的作用是丰富且多样的，它可能是与自我关怀相关的基础脑区之一。

在与自我关怀相关的心理特质的神经基础研究中，我们会发现，除了前额叶，还有另外一个区域也被频频提起，那就是脑岛（insula）。脑岛是大脑皮层的一部分，被额叶、顶叶、颞叶所构成的导盖覆盖，形状像一个倒三角往里折叠，并形成外侧沟（lateral sulcus）的基底（Stephani, Vaca, Maciunas, Koubeissi, & Lüders, 2011）。脑岛可分为前脑岛和后脑岛，前脑岛与额叶的连接更紧密，后脑岛与顶叶的连接更紧密（Gasquoine, 2014）。一般来讲，脑岛具有多种功能，是内感受、情感以及意识的中枢（Craig & Craig, 2009）。以往的研究已经对脑岛的功能进行了多方位的探讨，总结出脑岛包含听觉、躯体感觉、疼痛和温度知觉、味觉、嗅觉、感觉运动控制、语言产生和认知控制等主要功能（Nieuwenhuys, 2012）。既然脑岛是我们感觉和情绪的发源地，它对自我关怀能力的发展与表现也可能起重要作用。

自我关怀的大脑

正如上文提到的，目前针对自我关怀开展的神经生理方面的研究还比较少，直接揭示自我关怀相关脑机制与神经基础的研究成果也相对较少。因此，接下来我们会从自我关怀的子成分出发，通过梳理与子成分相关的神经机制研究，探讨自我关怀可能存在的相关脑区及机制。

自我友善与自我苛责的神经活动

自我友善是自我关怀的重要子成分之一，它是指我们以理解和关爱的态度面对自己的缺陷，这让我们在面对失败时保持稳定的情绪和开放的态度。与之相反的态度是自我苛责、自我批评。当我们对自己很友善或开始自我批评时，我们的大脑会有什么样的反应？目前直接与自我友善和自我苛责相关的神经科学研究还比较少，但我们可以根据人们进行积极或消极的自我评价时的大脑活动过程，来探讨其神经机制。

自我评价可能包括自我批评（self-criticism）或自我宽慰（self-reassurance），这些过程的神经机制主要通过功能磁共振成像技术（functional magnetic resonance imaging，fMRI）进行研究。研究者通常要求参与者在核磁共振仪器中回忆自我批评或自我宽慰的过程（在实验过程中重复、重构批评或宽慰自己的心理过程），同时检测大脑神经元活动时血流中血氧含量的改变，以探究主要有哪些脑区参与了自我评价过程。例如，英国阿斯顿大学研究者朗格等人（Longe et al., 2010）的研究就采用了类似的方式。他们向参与者分别展示了两种情境，一种是消极情绪场景（如"连续收到第三封工作拒信"），另一种是中性情绪场景（如"收到第二份免费的当地报纸"）。然后，他们要求参与者生动地想象自己面对某种情境（随机分配的两种情境之一），并进一步要求参与者要么尽可能用批评的方式对待自己，要么尽可能用自我宽慰的方式对待自己（参与者同样被随机分配执行其中一种任务）。在进行心理想象的时候，研究者使用 fMRI 探查脑部活动。结果表明，背外侧前额叶活动与参与者进行自我批评具有正相关，腹外侧前额叶活动与参与者进行自我安慰具有正相关。这说明前额叶背外侧和腹外侧皮层在自我评价中起较重要的作用。

短期自我关怀训练的研究也从侧面验证了自我关怀与自我评价的相关性，并依据训练前后大脑神经活动的差异来进一步探究自我关怀的神经基础。近期一项研究试图通过短期的自我关怀课程来干预慢性疼痛患者的自我关怀与自我评价的水平，帮助他们获得更好的心理状态。研究者设计了共计 8 小时的小组集中式干预课程，课程的核心内容是训练指向自己的爱和包容。这些课程要素与自我关怀有关，被认为是诱导和训练自我关怀的关键方法。在第一阶段的学习及小组干预结束后，研究者要求参与者在接下来的两周内继续每天在家练习至少 15 分钟的自我关怀冥想，并提供录音以便研究者确认训练情况。除此之外，在干预训练前后，参与者都需要完成自我批评和自我宽慰的 fMRI 实验（这一实验流程参考了上文介绍的朗格等人的研究）。在分析阶段，研究者通过参与者训练前后的问卷得分来检验自我关怀干预的有效性，并通过对比前后脑区激活程度的差异来考察自我批评、自我宽慰的神经活动是否会因自我关怀的训练发生改变。最终，研究结果证明，在经过自我关怀干预训练后，慢性疼痛患者自我批评的倾向和感觉减少了，同时自我批评会涉及的脑岛和前额叶区域的激活程度增加了（Lutz et al., 2020）。

如何解释这一结果呢？首先，脑岛区域的激活程度增加表明患者在训练后进行自我批评时会有更强的情绪唤醒或情绪反应（Craig, 2003）。这说明患者训练后的自我关怀水平提高了，在面对负面情境时，会更多地、自动化地进行自我关怀而非自我批评。如果此时要求患者遵循指导语，进行"非自愿"的自我批评，就会出现更强烈的脑区激活反应。其次，背外侧前额叶的激活程度在自我批评过程中有所增加，这可能说明患者经历干预后，对与自我批评相关的刺激或事件会产生自动化的认知重评（Banks，Eddy，Angstadt，Nathan，& Phan，2007；Doerig et al.，2014；Ochsner，Bunge，Gross，& Gabrieli，2002）。也就是说，自我批评的消极刺激出现后，患者能运用在干预课程中学习到的自我关怀情绪调节方法，以自我关怀的态度对这一刺激进行认知重评，最终减少或停下自我批评，这一结果也与问卷所体现的自我关怀水平的变化保持一致（Lutz et al.，2020）。

可见，自我关怀的确会改变人们评价自己的方式；在进行自我批评或自我宽慰时，脑岛和前额叶等区域均参与这些自我评价的过程。

普遍人性观与社会联结的神经活动

普遍人性观指将不完美视作人类的共性，意识到每个人都有不足和缺陷，所有人都会遇到困难或失败，并非自己在独自承受苦难。与普遍人性观相反的态度则是把自我看作与人类共同体及社会分离和孤立的个体。普遍人性观与社会联结有密切关系（Trautwein，Naranjo，& Schmidt，2014）。社会联结代表了人们与他们所生活的世界的联系程度，包括亲密关系乃至与整个社会的联系（Bloch，2018）。目前还没有对普遍人性观的神经生理基础的直接研究，但我们可以总结已有的社会联结的神经生理研究成果，探讨普遍人性观可能存在的神经基础。

社会联结的神经基础通常体现在个体加工两种信息——自我信

息和重要他人信息时的神经活动差异上,这种差异反映了他人融入自我的程度,即个体与他人之间的亲近程度(Murray,Schaer,& Debbané,2012)。脑电研究里事件相关电位(event-related potentials,ERPs)中的 P300 是反映个体加工自我相关信息过程的重要指标。研究发现,个体面对自我相关刺激时诱发的 P300 更强,面对他人相关刺激时诱发的 P300 更弱。如果个体的自我表征不是孤立的,而是更多地融入社会关系中,对自我信息的加工过程就应该与对重要他人信息的加工过程有更多的相似之处(Trautwein,Naranjo,& Schmdit,2014,2016)。研究者推论,激活的 P300 差距越小,就说明自我与重要他人在个体心理上的表征更亲密;相反,则说明个体感知到的与重要他人的距离更远。研究发现,正念训练能促进冥想者的社会联结,减少个体在加工自我与重要他人面孔时 P300 的差异(Trautwein et al.,2016)。

另外一些研究者在 fMRI 实验中考察了文化如何影响个体在头脑中表征"自我""他人""自我与他人的关系"。一些社会心理学家和跨文化心理学家认为,文化会影响人们对自我的构建,会影响人们的自我概念(Heine,2001;Oyserman,Coon,& Kemmelmeier,2002)。西方文化更强调个体的独特性、独立性和自主性,强调个体与他人和群体的不同;而东方文化更强调和谐的关系,强调个体为集体利益作贡献、个体对社会的义务和责任,以及个体在群体和社会中扮演的角色。文化的差异会影响特定文化中的自我概念。在个体主义文化背景下,人们以自己的内在想法、感受和行动来定义自我,不将自己视为集体或社会的一部分。自我是独立、自主的,强调作决定时要考虑自己内在的价值观,参照系是自己,这种认知自我与社会的方式被称为"独立型自我建构"(independent self-construal)。在集体主义文化背景下,人们以自己和他人的关系来定义自我,认识到自己的行为经常会受他人想法、感受及行动的影响。人们也往往认为人与人之间是相互依赖的,是与他人有联系的,是集体的一部分,会努力去融入社会环境并与他人和谐相处,自我与他人并不能截然分开,自我与他人相互依赖,作决定时的参照系是集体要求和社会规范,这种认知自我与社会的方式被称为"互依型自我建构"(interdependent self-construal)(Markus & Kitayama,1991)。

在 fMRI 研究里,研究者会通过考察参与者加工自我信息和他人信息时是否出现相关脑区激活的差异以及差异的大小,以此判断参与者是更具有社会联结性的自我观念,还是更具有独立性的自我观念。例如,在集体主义文化背景下,个体面对涉及自身和他人的刺激,会出现相似的脑区激活反应(Zhang,Zhu,& Han,2011);在以西方人为参与者的研究中则发现,西方人只有在加工与自我相关的信息时,才会出现内侧前额叶皮层的激活(D'Argembeau et al.,2005;Fossati et al.,2003;Han et al.,2008;Macrae,Moran,Heatherton,Banfield,& Kelley,2004;Northoff & Bermpohl,2004;Northoff et al.,2006);即使在亲密关系和内群体成员关系中,西方人也会将自己与群体剥离,始终把自己定义为独立的个体(Trautwein et al.,2014)。这些研究结论是相互印证的,都认为在集体主义文化背景下,个体代表自我的神经结构与代表他人的神经结构联系紧密(互依的自我建构),而在个体主义文化背景下,情况与之相反,两种神经结构联系不紧密(独立的自我建构)。

研究者还对这些关注在自我与他人相关的特质评估过程中脑活动

差异的研究进行了元分析,结果表明,当控制他人与自我的联系程度时,即区分在研究中使用的是一个与参与者亲近的人还是一个与其熟悉但不亲近的人,也会发现参与者的脑区激活强度出现差异(Murray et al., 2012)。可以说,我们与他人的社会联结会受熟悉程度与亲密程度的影响。

现在还没有研究探讨这些关系表征是否会受自我关怀的影响,这是未来值得探讨的问题。

正念观与情绪调节的神经活动

正念观是用客观、平衡的观点看待当下的痛苦与失败,防止过度压抑或沉浸在负面情绪中。用正念观的方式看待自己,一定会涉及情绪调控。有研究者认为,正念观涉及一种自上而下的情绪调节过程,即人们主动运用头脑中的经验和自己的能力调整情绪。自上而下的情绪调节主要表现在促进积极的认知重评的过程中(Garland, Gaylord, & Park, 2009; Garland et al., 2010)。另一些研究者则认为,正念观是一种自下而上的情绪调节过程,即是一种较少需要认知资源投入,偏向自动化的、无意识的加工过程(Chambers, Gullone, & Allen, 2009; Lutz, Dunne, & Davidson, 2007)。正念观到底与哪一种情绪调节过程有更强的联系?不同的情绪调节过程在神经机制上的具体表现是什么?正念观与情绪调节过程的关系在脑与神经层面如何体现?这是接下来我们要回答的问题。

其一,正念观与自下而上的情绪调节过程。

我们首先要明确什么是自下而上的情绪调节过程。这种调节过程一般是无意识的,是无须个人努力的情绪控制。研究者认为,正念观与自下而上的情绪调节过程有紧密联系，具体表现为，经过正念训练后，个体习得了这样一种倾向：对当下的情绪事件持一种非评价性态度，增加对当前情绪体验的关注，而不是重新在认知层面控制情绪体验，做到不评估、不抵触、不强制修正负面情绪（Brown，Ryan，& Creswell，2007；Chambers et al.，2009）。在神经机制层面上，研究者可以通过正念训练能否影响自下而上的情绪调节的相关脑区激活程度，来探讨正念观如何影响自动化的情绪调节过程。

自下而上的情绪调节过程一般与大脑的边缘系统（limbic regions）和内隐情绪调节相关脑区有关，如果正念与这一情绪调节过程有关，正念训练就应该影响个体的情绪产生相关脑区及内隐情绪调节相关脑区的激活强度。换句话说，接受正念训练后，个体面对情绪刺激时，这些相关区域的激活程度将因为训练而改变。目前的研究结果表明，正念训练可以减少情绪反应，且这种减少无须通过与认知相关的大脑区域来实现（Westbrook et al.，2013），这就表明它更可能由训练后自动化的情绪调节所引发。

威斯康星大学的研究者维斯布鲁克及其研究团队（Westbrook et al.，2013）招募了47名吸烟者参与正念实验。他们要求这些吸烟者至少暂停吸烟12小时，然后观看与抽烟有关的刺激图片或中性刺激图片，探究在接受短暂的正念训练后，这两种刺激引发的脑区反应是否存在差异。具体来讲，在进行fMRI实验之前，他们会让吸烟者看一系列练习图片，并按照电脑屏幕上出现的每条指令进行练习。练习的指令又分为两种：一种是"简单看"，吸烟者被要求放松身心并尽可能自然地观看图片，无须作出任何反应；另一种是"正念注意"（mindfully attend），吸烟者被要求积极关注自己对图片的反应，包括想法、记忆和身体感觉，同时还需要对这些反应保持一种客观的态度，注意并接受自己的内心体验。接受短暂的训练后，吸烟者进行正式实验。流程如下：先在电脑屏幕上呈现指导词汇（"简单看"或"正念注意"），随后会出现注视点，之后是刺激图片（与抽烟相关的图片或中性图片），吸烟者再对自己看完图片后抽烟的欲望评分，最后对被图片引发的消极情绪评分。研究结果表明，首先，在行为学层面上，正念注意条件下，吸烟者会汇报有更低的吸烟欲望和更少的消极情绪；在fMRI层面上，与简单观看与吸烟相关的刺激图片相比，正念注意会让个体的与内隐情绪调节相关脑区的激活程度降低。功能连接分析进一步显示，使用正念注意这一方式时，与内隐情绪调节相关的脑区显示出与其他欲望相关区域的更弱的功能连接，这表明学习和运用正念注意是一个自下而上的过程，吸烟者能无意识地减弱对与吸烟相关的刺激的反应和吸烟欲望（Westbrook et al., 2013）。

其二，正念观与自上而下的情绪调节过程。

自上而下的情绪调节主要基于大脑皮层区域，包括背外侧前额叶、腹外侧前额叶、眶额皮层和顶叶皮层（Chambers et al., 2009; Gyurak, Gross, & Etkin, 2011; Guendelman, Medeiros, & Rampes, 2017），这些区域通常与外显的情绪调节过程有关。如果正念观在自上而下的情绪调节过程中有作用，在fMRI的实验研究中，我们就可以考察接受正念训练后参与者相关脑区的激活程度，以进一步探讨正念观的神经基础和脑机制。

研究结果证明，正念训练可以通过影响前额叶的激活程度来调节情绪，即通过自上而下的加工方式调整情绪。维克森林大学医学院的研究者扎伊丹及其团队（Zeidan et al., 2011）的研究巧妙地考察了正念冥想训练如何影响参与者对疼痛的感知以及相关的负面情绪反应。这个研究包括三个部分：第一部分为前测研究。在这一阶段，所有参与者会感受到两种刺激，分别是加热（heat）刺激和中性（neural）刺激，刺激的转换通过不同温度来实现。具体来讲，研究者会在参与者的右小腿后方粘贴一个热刺激器。在施加加热刺激时，温度将被升至 45 ℃；在施加中性刺激时，温度被升为 35 ℃。热刺激器的位置在整个实验过程中会保持平衡，即每次实验结束后，热刺激器会被移到一个新位置，避免参与者逐渐适应温度刺激。在前测研究的正式实验中，参与者首先会在无指导的情况下完成实验。随后，研究者会在下一次实验前告诉参与者，专注于自己的呼吸，并在这种情况下再次完成实验研究。在每次刺激后，参与者都会填写量表，评价自己的疼痛强度和不愉快程度。

第二部分为正念冥想训练。参与者需要连续参与 4 次，每次持续 20 分钟的正念训练，且所有参与者之前都没有冥想或正念训练的经验。训练内容如下：第一天，参与者被引导坐直身体，闭上眼睛，专注于鼻尖呼吸的变化觉知。指导语强调了参与者可能会出现散漫的想法或感觉，此时参与者只需要让自己的注意力再次回到呼吸感觉上，无须作出任何判断或情绪反应。第二天，参与者被引导继续关注鼻尖的呼吸感觉，并注意胸部和腹部的起伏以跟随呼吸节奏，最后会有 10 分钟左右的自我冥想时间，帮助参与者自己进行冥想练习。第三天，研究者将再次重申与之前几次训练相同的冥想原则，但在最后 10 分钟的自我冥想时间里，会有一段核磁共振扫描仪声音的录音，目的是让参与者熟悉扫描仪的声音。第四天，参与者接受了最低限度的冥想指导。参与者将被指导以仰卧位躺下，并在模拟扫描仪环境的

MRI声音录音中进行冥想。完成所有正念训练后，参与者将参与下一阶段的实验研究。

　　第三部分为后测研究，与前测研究保持一致，也包含两种刺激，即加热刺激和中性刺激。后测研究包含两个实验部分：无指导的部分和研究者告知参与者使用与正念训练一致的方式，即关注自身的呼吸变化来完成实验。完成fMRI实验后，参与者仍会通过问卷评价自己在实验过程中的疼痛强度和不愉快程度。

　　研究结果表明，正念冥想训练可能通过几种机制来调节参与者对疼痛的感知以及后续的情绪反应。首先，接受正念训练后的参与者在面对会带来疼痛感的加热刺激时，明显减少了脑岛中与疼痛相关的传入加工，这一区域是与痛觉信息的辨别加工相关的重要区域（Coghill, Sang, Maisog, & Iadarola, 1999）。其次，疼痛强度评分降低的幅度与前扣带皮层和右侧前脑岛的激活有关，这些区域在疼痛强度评估的加工及调节方面发挥重要的作用（Koyama, McHaffie, Laurienti, & Coghill, 2005; Starr et al., 2009）。这与正念冥想的目的是一致的，即通过训练来减少个体对事件重要性的评价。最后，眶额叶的激活程度与疼痛导致的不愉快程度评分相关。眶额叶通过操纵对感觉事件的情境评估来调节个体的情绪反应（Rolls & Grabenhorst, 2008），在疼痛的认知调节中起重要作用（Petrovic & Ingvar, 2002）。这一结果证明，正念训练能直接改善情绪，而积极情绪的产生会进一步降低疼痛评分（Villemure & Bushnell, 2009）。具体来讲，正念训练可以通过改变个体对刺激的相关评估（眶额叶），有意识地处理奖励和享乐体验（如缓解疼痛，引导积极情绪）。也就是说，当我们面对负面刺激时，正念训练可以引导我们产生积极情绪，减少消极情绪,最终达到调节情绪的目的。

可见,正念既会影响自下而上的情绪调节,也会影响自上而下的情绪调节,是一个会贯穿整体情绪调节过程的因素。可以推断,正念应与前脑岛、眶额叶和前扣带皮层等存在联系。

与自我关怀相关的其他生理学研究

虽然直接探究自我关怀脑机制的研究较少,但有一些研究探讨了自我关怀的生理基础,或从生理学的层面揭示了自我关怀的积极作用。

有研究者探究了自我关怀与心率变异性(heart rate variability)的关系。心率变异性是一种心率变化的生理现象,反映了心脏交感神经和迷走神经活动的紧张性和均衡性,是一种检测自主神经性活动的指标。在压力与健康的研究中,心率变异性已被证明是一种自我调节机制的生理标志物,可能参与促进健康的过程。心率变异性也是大脑调节情绪反应和心理弹性等的一个重要标志,较高的心率变异性可视为副交感活动性增强、情绪调节更好的标志(Holzman & Bridgett, 2017; Thayer, Åhs, Fredrikson, Sollers Ⅲ, & Wager, 2012)。因为较弱的副交感神经活动性与较差的情绪调节、高水平应激反应和低水平应激应对相关;反之,较强的副交感神经活动性代表着个体有更强的情绪反应灵活性,可以自主调节情绪,减少负面情感。

科罗拉多大学博尔德分校的阿奇及其团队(Arch et al., 2014)的研究考察了短期的自我关怀训练能否减缓女性在特里尔社会压力测试(Trier Social Stress Test, TSST)中的生理反应。参与者均为女性并被随机分到三个组中：实验组（自我关怀训练）、控制组（听一般录音）和空白组（不做任何干预）。在研究的第一阶段，空白组参与者没有任何任务（没有听录音这一环节），被随机分配到实验组和控制组的参与者会听一段 10 分钟的特定录音。自我关怀训练播放的录音主要是冥想指导过程，内容专注于培养对自己的友善和包容，也会涉及对他人友善和包容的内容。语句中包含了一系列指导语，它们基于内夫教授（Neff，2003a，2003b）对自我关怀的界定（例如，我希望对自己友好，获得幸福）。研究者要求参与者有意识地重复这些短语，以实现自我关怀训练的目标。控制组的录音内容为心理学专业教科书中关于认知的内容，与个体准备参加的特里尔社会压力测试相关，包括对解决问题、判断问题和思考问题的讨论等。在听录音的过程中，实验组和控制组参与者均有提问的机会。在接下来的 3 天中，这两个组每天都会听到类似的录音。研究者会告诉参与者听录音是极其重要的，能够帮助他们为第二阶段的研究作好准备，所以希望他们能够在不受打扰的情况下听。

在第一阶段结束后便进入第二阶段的研究。首先，参与者需要完成约 30 分钟的问卷调查及基本的生理记录，并适应实验室环境。生理记录指标主要包括唾液淀粉酶（salivary alpha-amylase，与交感神经活动相关，也与压力反应密切相关）以及心率变异性。在进行特里尔社会压力测试之前，实验组和控制组的参与者听了 5 分钟的录音，录音说明："剩下的研究具有挑战性，为了帮助你应对这个挑战，我们邀请你听一段与你在家里听过的内容类似的录音……"无干预的空白组参与者被简单告知，"剩下的研究具有挑战性"，然后要他们安静等待 5 分钟的时间。最后，所有参与者都进行特里尔社会压力测试并记录相关指标。研究结果表明，接受短期自我关怀训练的实验组参与者表现出减弱的交感神经活动（唾液淀粉酶）和主观焦虑反应，他们的副交感神经活动（心率变异性）也增强了。这表明，短期的自我关怀干预会帮助女性在面对社会评价威胁时减少压力和焦虑（Arch et al.，2014）。

与之相似，深圳大学的研究者在 2018 年的研究中也探究了自我关怀与心率变异性的关系（Luo，Qiao，& Che，2018）。研究者首先使用《自我关怀量表》，将实验参与者按照量表得分，分成高自我关怀水平组与低自我关怀水平组。实验当天，参与者先有 10 分钟的时间用来休息，此后佩戴上记录生理反应的设备，再参与特里尔社会压力测试。测试主要包含四个部分：基线部分（5 分钟左右的休息）、准备部分（准备一个研究助理工作的面试，5 分钟）、压力任务（在评委面前演讲）、恢复部分（5 分钟左右的休息）。研究结果表明，在面对社会评价威胁这一压力事件时，自我关怀和较高的心率变异性与较少的负面情绪相关，这表明自我关怀能够调节压力事件对生理状态和情绪的影响。根据心率变异性的结果，研究者发现，高自我关怀者的心率变异性高于低自我关怀者，这一结果反映高自我关怀者的情绪调节能力更强。

第六章

内在滋养：
青少年的自我关怀之路

青春期的危机与契机

"青春"是个普通的名称,它是幸福、美好的,但也充满艰苦的磨炼。

——高尔基

青春期的心理特征

提到青春期,第一时间涌入你脑海的可能是灵动或羞涩的少女的脸庞、满脸阳光的篮球少年,或夏日午后昏昏欲睡的一排排脑袋和教学楼里长长的走廊,这是我们美好、幸福的回忆。但从另一个角度来看,青春期是一个危机四伏,充满暴风骤雨的人生阶段,青少年在这一时期总有些叛逆和"阴晴不定"。在这一时期,青少年的生理、心理、认知与社会环境发生快速且剧烈的变化,其自我、情绪和社会性发展也具有特殊性。

在自我发展方面,青春期是建立自我意识、自我认同的关键期。埃里克森(Erik H. Erikson)的人格发展阶段理论提出,青春期的主要发展任务是实现自我认同,防止角色混乱。自我认同是指个体统合自我的多个方面,形成整合统一、协调一致的内心世界。青少年必须学会面对突如其来、纷繁复杂的自身的变化和环境的变化,探索自己是一个什么样的人,应该承担什么样的角色,以及以后想要变成什么样的人,拥有什么样的社会关系。青少年自我观的发展主要表现为几个方面:第一,自我意识飞速发展。在这一阶段,校园生活和社会生活不断丰富,青少年开始发展出独立评价的能力,开始思考自己的独特

第六章 内在滋养：青少年的自我关怀之路

性，对自我的评价逐渐成熟，却容易波动。第二，自我控制能力逐渐发展，高中时能较稳定而持久地控制自己的行为和注意力的分配。从社会化的角度来看，青少年的独立意识增强，渴望获得老师和家长的认可与尊重，能够像一个成熟的"大人"那样行事。第三，在自我体验方面，青少年的自尊心较强，但容易受外在环境的影响，如成功时自尊心得到极大满足，失败时自尊心受挫，妄自菲薄，甚至开始自卑（林崇德，2002）。如何在顺应青春期特征及表现的同时实现自我认同和内心统一，是青少年心理健康发展的重要一环。

在情绪发展上，首先，青少年表现出情绪的两极性——情绪强烈但波动明显。在青少年身上，我们可能会观察到狂暴和温和共存，内向和夸大共存；同时存在守纪和散漫、认真和马虎、犹豫和果断等相反的意志品质；还会对父母、朋友有矛盾的情感，如孝顺和反抗、亲切和冷漠等（林崇德，2002）。其次，青少年的心理发展具有矛盾性和不平衡性。他们的心理活动往往处于半幼稚和半成熟、独立性和依赖性并存的矛盾状态，如同时具有勇敢和怯懦、高傲和自卑等，出现种种心理冲突。最后，由于独立意识增强，青少年会出现反抗情绪和逆反心理，造成人际关系的冲突和紧张（林崇德，2002）。

在社会性发展上，这一时期的独特性部分体现在青少年价值观和道德的发展上。青春期是每个人内化社会价值体系、社会规范，促进价值观建成和道德发展的关键时期。青少年通过了解、思辨、选择、组合、调整等方式建立自己的价值体系和人生态度，伦理道德发展不稳定、不成熟，具有动荡性（林崇德，2002）。同时，他们需要经历社会化的学习和发展，特别是情感社会化能力的学习。社会化是一个人通过与社会的交互，适应并吸收社会文化，掌握符合社会的价值观和品质,成为合格的社会成员的过程,它可以为后续的成年时期作准备(卢勤,2010)。同伴、父母、教师和社会环境等都会影响青少年的社会化发展,其中同伴关系对青少年的社会适应、自我概念的影响非常突出(卢勤,2010)。社会化的失败会让人丧失融入社会群体的能力,适应不了社会环境,对其独立和心理发展都有巨大的负面影响。

青春期连接着童年期和成年期,是人生重要的十字路口。安全、正确地通过有利于青少年的自我认同、情绪能力、人际关系处理能力和社会化的发展,有助于意志力、坚韧性、抗压能力的形成,更有益于稳固正确的价值观和世界观,形成积极的人生态度。

危机四伏:青少年常见心理与行为问题

青少年面临多重挑战:一方面,他们的心理尚不成熟,情绪也不稳定;另一方面,社会生活压力剧增,在应对学业负担的同时,他们也面临亲子矛盾、同伴冲突等压力。如果缺乏积极的自我态度和家长、老师的正确引导,青少年很容易将压力及压力引发的挫折内化,最终严重损害幸福感,甚至出现心理问题和行为问题。

青少年的心理发展问题已成为世界公认的公共健康议题,受到学术界和社会各界的广泛关注。已有的较为一致的研究发现,焦虑、抑郁、压力、孤独等负面情绪在青少年时期十分常见(Cummings, Caporino, & Kendall, 2014)。譬如,一项元分析研究显示,中国儿童和青少年的抑郁症状流行率达 13.3%—17.8%,其中高中生的抑郁症状流行率明显高于初中生,乡镇学生明显高于城市学生(李玖玲,陈星,赵春华,徐勇,2016);另一些研究指出,将近 1/4 的青少年存在焦虑或抑郁等心理问题症状(Kessler, Avenevoli, &

Merikangas,2001；Pennant et al.，2015）；王极盛和丁新华（2003）基于558名中学生的调查显示，虽然中学生整体抑郁水平较低，但有32.9%的学生存在不同程度的抑郁问题；郑晓丽（2018）采用分层抽样的方法调查了1388名中学生，发现中学生的心理问题检出率为23.49%，其中发生率最高的心理问题是适应不良、学业压力、偏执、抑郁、焦虑等，压力来源主要是考试或人际压力；我国一项横跨五省，样本量超过5万名青少年的调查显示，超过一半的青少年至少表现出一种类型的焦虑症状，如学业焦虑、身材焦虑和孤独焦虑等（Liu，Shi，Auden，& Rozelle，2018）。国外的青少年也面临类似问题：一项调查了一万多名13—18岁的美国青少年的研究发现，美国青少年的焦虑障碍的患病率高达31.9%，其他情绪障碍的患病率也达到14.3%（Merikangas et al.，2010）。长期的抑郁和焦虑情绪会对青少年的人际交往和学业成就产生不良影响（Jaycox et al.，2009；Cummings et al.，2014）。

进入青春期后，人际交往、建立亲密的关系成为青少年发展的主要任务，当亲密感的需求得不到满足时，孤独感就成为青春期常见的消极心境（Hawthorne，2008）。长期处于孤独状态不仅会加重青少年的抑郁、焦虑、睡眠障碍，而且可能诱发令人痛心的自伤、自残甚至自杀行为（Harris，Qualter，& Robinson，2013；Roberts，Roberts，& Chen，1998；Vanhalst，Goossens，Luyckx，Scholte，& Engels，2013）。青少年群体的非自杀性自伤行为的发生率为17.2%，远高于成年人群体的发生率（Swannell，Martin，Page，Hasking，& St John，2014）。一项调查了超过60万样本的回顾性分析显示，大学生群体中存在自杀意图、计划、行为尝试的比例分别为

22.3%、6.1% 与 3.2%（Mortier et al., 2018）。

除了抑郁、焦虑、孤独感等指向内部的心理和情绪问题外，青春期同样是产生各种外化行为问题的危险期。青少年的自我控制能力相对较弱，处在恶劣成长环境（如家庭社会经济地位较低，缺少父母监控，不良同伴风气）中的青少年极易出现抽烟、喝酒、物质滥用、欺凌等行为，进而引发辍学、攻击甚至犯罪等严重问题行为（Newcomb & McGee, 2002; Johnston, O'Malley, Bachman, & Schulenberg, 2011）。

需要注意的是，无论是指向内部的心理问题，还是指向外部的行为问题，通常都不是独立发生的，更可能是同时发生发展、相互影响的，甚至会产生负性循环。

保驾护航：自我关怀的积极作用

引导青少年积极发展并过渡到成年期是一个至关重要的研究主题。随着自我关怀研究的不断发展，研究者开始将视角投向青少年群体，探索自我关怀对青少年发展的积极作用，获得了许多有价值的研究成果。与成年人群体研究结果一致，自我关怀既有心理层面的保护作用，也有社会功能层面的促进作用。

在心理功能方面，自我关怀对于缓解、改善、预防青少年的情绪发展问题具有积极作用。研究者发现，自我关怀有助于提高青少年的情绪幸福感和心理幸福感，能够培养其较稳定的心理状态。美国北卡罗来纳大学教堂山分校的研究者布卢斯等人（Bluth, Campo, Futch, & Gaylord, 2017），开展了面向七年级到十二年级共 765 名青少年的调查研究，他们探讨了自我关怀与青少年的情绪健康（包括感知压力、生活满意度、抑郁和焦虑等指标）的关系，以及对于不同年龄和性别的青少年，自我关怀的作用是否存在差异。调查结果显示，自我关怀与所有的情绪健康指标都存在相关，自我关怀水平较低的青少年有更多的压力、抑郁和焦虑症状，以及更低的生活满意度；在年龄较大的青少年群体内，与女孩相比，高自我关怀对男孩的焦虑有更大的缓解作用。另一项研究对 132 名健康但感受到不同程度的压力的青少年开展了为期 5 天的冥想训练，结果显示增加自我关怀能明显减少青少年的反刍、感知到的压力、抑郁症状和消极情感等，这种积极效果在干预结束 3 个月后仍有效保持（Galla，2016）。相反，缺乏自我关怀的青少年更容易表现出病理性的完美主义，即给自己设置过高的标准，思维模式较僵化，难以沟通；同时，他们有更高的反刍倾向，更容易处于心理亚健康状态（Mehr & Adams，2016）。2017 年进行的一项元分析显示，自我关怀与青少年抑郁、焦虑、压力感等消极心境状态具有较高的负相关（Marsh，Chan，& Macbeth，2017）。

自我关怀还能被视为青少年的心理弹性因子，帮助青少年应对外部的消极环境，减弱或缓解消极环境对心理健康的影响。例如，自我关怀能够缓解和降低学业倦怠、同伴侵害对心理健康的消极作用（Chu，Fan，Liu，& Zhou，2018；Kyeong，2013）。我们团队最近的一项研究调查了 861 名高一学生，考察同伴冲突对青少年焦虑、压力和抑郁的影响，探究了自我关怀的保护作用，发现同伴冲突确实会引发青少年较高的抑郁、焦虑与压力感，但自我关怀能够有效调节同伴冲突与这些消极心境的关系：当青少年的自我关怀水平较低时，同伴冲突会诱发心理问题；当青少年拥有较高的自我关怀水平时，同伴冲突对心理问题的影响就不再显著了。进一步的分析发现，我们只在男生群体中发现相应的调节效应。也就是说，当面对同伴之间的激烈冲突与排斥时，高自我关怀的男生的心理健康并未受到严重影响。对女生来说，自我关怀并未显示出保护作用，这可能是因为在社会化过程中，女生更重视同伴关系，自我关怀未能很好地缓解她们因同伴冲突产生的消极体验，但自我关怀会不会引发她们的人际修复行为尚不可知（Kong，Cui，Li，& Yang，发表中）。不仅如此，自我关怀还能有效地减少青少年的贪食、暴食、厌食等进食障碍和相关症状的发生，保护其生理和心理的双重健康（Braun，Park，& Gorin，2016）。

另外，自我关怀有利于青少年的社会性发展，能够促进青少年的社会能力。正如在第二章中所述，我们通过一项横断研究和一项纵向研究发现，自我关怀能够促进青少年的亲社会行为，而关系需求满足、人际信任感和感恩情绪可能是自我关怀促进亲社会行为的内在原因（Yang，Guo，Kou，& Liu，2019；Yang，Kong，Guo，& Kou，2021）。另一些研究者认为，自我关怀之所以能促进社会功能，是因为自我关怀增强了我们自我疏导和情绪调节的能力（Neff，Hsieh，& Dejitterat，2005），加深了我们与外部世界的情感交流，这个过程能帮助我们更好地处理人际冲突和预防负面事件的发生，从而保障良好人际关系网络的建立和维持。总之，自我关怀赋予青少年灵活应对生活中的负面事件的勇气，对成功应对生活中的挫折和挑战大有裨益。

从概念和理论上来说，自我关怀意味着无条件地接纳、尊重、善待自身，无条件地关怀自己，就像身边有个十分亲密的朋友，在低谷时绝不嘲笑、批评我们，在巅峰时也绝不夸耀、谄媚我们，而是在认同、欣赏我们时，还会提醒我们要挑战更好的自己。这种积极的心理状态让我们拥有充分的试错空间，有等待自己成长的耐心，这种空

第六章 内在滋养：青少年的自我关怀之路

间、理解与耐心对年幼的儿童、尚在发展中的青少年而言尤为重要。然而，在面对巨大的学业和社会压力的同时，有些青少年却将"我"这个朋友越推越远。研究发现，随着年龄的增长，青少年的自我关怀水平确实存在一定的下降，尤其是在女生中，下降更为明显（Bluth et al., 2017），这是非常遗憾的事。

青少年的自我关怀可以后天培养和习得，其发展在很大程度上会受到社会环境与社会文化的影响。不可否认，现代社会的一些观念可能会直接或间接地阻碍青少年自我关怀的养成和发展。例如，在教育孩子的过程中，父母和周围的人有时候会向孩子传达类似"每一次考试必须比上一次好，退步了就要受批评""尽可能不要犯错，尽可能比别人更早成功"的信息。虽然拼搏和努力可以使人变得更好，但这类话语会让孩子意识不到每个人都可能遭遇失败，过高的标准会压得孩子喘不过气。孩子会认为不够优秀就是令人羞愧的事，落后于他人逐渐变得不可接受。在这样的影响下，孩子会逐渐形成一种行为惯性：将成功视为理所当然，马不停蹄地赶往下一个目标；遭遇失败时，要么缺乏勇气接受，要么责怪自己不够聪明和努力，甚至自怨自艾。

\\\ 读一读 \\\ ••••••••••••••••••••••••••••••••••

下面是一首关于友谊的诗。读到这首诗时，大部分人想到的可能是身边的朋友、亲人，但倘若以自己为对象呢？自己是我们一辈子最亲近的朋友，是会一直陪同我们经历人生的朋友，不管是快乐还是痛苦，都会与我们一起见证。我们应该像对待家人、对待珍宝一样，去关爱和接纳自己。你做到了吗？希望你能从诗中找到答案。

朋 友

我想爱你，而不抓住你

我想欣赏你，而不评判你

我想和你在一起，而不侵犯你

我想邀请你，而不强求你

我想离开你，而无须歉疚

我想批评你，而非责备你

我想帮助你，而非侮辱你

如果我也能从你那里获得相同的对待

我们就可以真诚相处，丰润彼此的生命

——维妮·萨提尔

家庭：最重要的微观环境

家庭是一项社会发明，其任务是将生物人转化为社会人。

——古德

家庭是儿童、青少年最早开始社会化的场所，也是对他们的发展影响最大的微观环境。如果说每个孩子出生时都是一张白纸，家庭教育和环境无疑就是最重要的一支画笔，勾勒出最初、最深的痕迹。家庭环境、教育方式、亲子沟通模式等，都会对儿童和青少年的自我意识、社会性发展起重要作用。

你可能会发现，自己身上有父母的影子：你或许有与母亲一样的

第六章 内在滋养：青少年的自我关怀之路

口头禅，与父亲一样的爱好和行为习惯……心理学的大量研究证明，家庭环境确实对儿童、青少年的社会行为具有巨大影响。譬如，家庭压力、家庭暴力、父母冲突以及放任型教养方式等消极家庭因素，与青少年的攻击行为、问题行为密切相关（夏天生，刘君，顾红磊，董书亮，2016；姚玉华，陈道湧，周峰，刘庆元，2010；Ferguson，San Miguel，Garza，& Jerabeck，2012）。当家庭的经济或生活压力过大，家庭内部出现暴力言行的频率很高，父母经常吵架或者过于放纵孩子时，青少年更可能出现攻击行为。良好的家庭关系、和谐的家庭氛围有助于降低青少年的攻击倾向，减少问题行为的发生（潘玮，高雪梅，2016；王璐，等，2019）。一些研究甚至发现，父母的教养会影响孩子的反社会或犯罪行为：教养中如果涉及身体虐待或情感暴力，或较少给予孩子情感上的支持，抑或对孩子的行为监控过少或方式错误，都可能是后期孩子出现各种反社会行为的原因（Haapasalo & Pokela，1999；Farrington，2005；Low，Lo，& Cheng，2020）。

除此之外，家庭环境，尤其是父母的教养方式，对青少年的心理健康发展、自我概念的建构以及品格的塑造具有关键作用（Gray & Steinberg，1999；Putnick et al.，2008）。发展心理学中经典的依恋理论（attchament theory）也指出，养育方式和教养氛围对于孩子建立关于自我和他人的内部工作模型有重要影响，这个工作模型体现的是孩子对自我和他人的态度，即是以积极、信任的方式，还是以消极、敏感的方式来看待自我与他人（Bowlby，1988）。在看待自我、对待自我这个方面，父母的教养方式会影响青少年的自我控制能力、自尊和自我效能感的发展。当父母采取积极的教养方式，例如给予孩子充分的爱和鼓励，支持孩子自主性的发展，孩子的自我控制能力就会有效提升，同时能收获更高的自我价值感和能力感，此时孩子也会更自信与自律；相反，当父母采取消极的教养方式，例如总是严苛地要求孩子，高压控制孩子，或者忽视他的需求，不在意他的感受，甚至一直否定他的努力时，孩子的能力感、价值感与自尊的发展都可能受到抑制，自我控制能力反而会下降（Cullen, Unnever, Wright, & Beaver, 2008; Garber, Robinson, & Valentiner, 1997; Frank, Plunkett, & Otten, 2010）。

自我关怀作为一个与自我相关的特质，充分反映了一个人如何看待、对待自己。自我关怀特质的形成与培养也需要一定的养分，当成长所需的养分不足，这种积极品质的发展就会受到阻碍，甚至停滞，使孩子更倾向于批评或苛责自己。家庭环境是孩子成长与社会化过程中最主要的场所，也是自我关怀发展最主要的营养基地。如果父母是支持的、鼓励的，家庭环境就会是安全的、和谐的、充满关爱的，这将对孩子的自我发展产生正向影响；如果父母是高度控制的、忽视孩子内心需求的，家庭环境就可能充斥着压力、冲突，甚至出现暴力言行，这将对孩子自我概念的塑造、社会性的发展产生消极的影响。

两种父母教养策略：自主支持和心理控制

自我决定理论关注每个人的自主性和自主动机，这一理论同样提倡父母尊重孩子的自主性，认为父母的教养策略对孩子后续的心理健康和人格发展有重要影响。自我决定理论将教养策略分为两种——自主支持与心理控制（Deci & Ryan, 2010）。

其一，自主支持教养策略。

第六章 内在滋养：青少年的自我关怀之路

自主支持（parental autonomy support）教养策略是指父母充分认可、鼓励和培养孩子的自主性和自主决策能力（Ryan，Deci，Grolnick，& La Guardia，2006）。具体来说，父母给予孩子足够的自主空间，尊重并支持孩子积极探索世界，作出自己的选择，并自由地表达想法或观点（Silk，Kanaya，Morris，& Steinberg，2003）。以下是自主支持教养策略的具体例子：

"你想要的是哪一个？没关系，你可以告诉妈妈。"

"哇，你好棒！我很喜欢你的想法！"

"爸爸尊重你的决定。"

"你可以觉得不开心，觉得难受或者委屈……这是被允许的。如果你愿意，可以和我说说你为什么难过，我们一起找到一个调整坏情绪的方法……"

"如果你不喜欢某个行为，你可以直接告诉我，并且告诉我为什么。你说出来别人才知道什么可以，什么不可以。"

有些父母在给孩子买东西（如玩具或文具）时，会询问孩子的喜好和意见，或直接让孩子自己决定，这就是在培养孩子的自主决策能力。在孩子犯错时，不是直接责骂或毫无界限地纵容，而是把孩子当作具有自我决定能力的人，与孩子平和地沟通、讲道理；在孩子挑食时，会和他说明挑食的危害，在尊重的基础上引导孩子改正不良的行为习惯，形成更好的饮食习惯，这都是真正尊重孩子，给予其充分的自主感。遇到问题或作家庭决策时，鼓励孩子表达想法，给出建议，这就是在培养孩子的自我表达能力。允许孩子表达自己的情绪，告诉孩子坏情绪的出现是合理的，难过时可以向父母诉说，委屈时可以向父母倾诉，尽可能做到感同身受，同时与孩子一起探索改善坏情绪的方法，这就是在培养孩子的情感处理能力。从这些例子中，我们可以发现，自主支持教养策略是一种非常积极的教养方式，有助于培养孩子的自主性、执行力、独立思考能力、决策能力和情绪调节能力。

众多研究发现，如果父母在教育过程中重视孩子的自主性，采用自主支持型教养策略，孩子的学业动机、学习态度和学习成绩会更好。例如，研究者在华裔美国青少年群体中的研究发现，父母自主支持可以有效预测孩子的学业成就、情绪控制和适应能力；进一步分析其中的机制，发现父母教养方式对孩子学业成就的影响是通过孩子的情绪调控能力实现的，即父母提供的自主支持越多，孩子管理消极情绪的能力就越好，越擅长使用适应性情绪调节策略，因此能更有效地提高自己的学业成绩（Liew，Kwok，Chang，Chang，& Yeh，2014）。这也反映了情绪改善对认知和学业的积极效用。

父母的自主支持也有助于培养孩子在学习上的时间安排能力，减少拖延现象，这是因为自主支持教养策略提高了孩子的自我效能感和自我调节的程度，他们相信自己具有管理自己的能力，同时能很好地计划、安排学习进程（Won & Yu，2018）。美国密歇根州立大学的弗罗伊兰（Froiland，2011）针对如何提高孩子的学习动机进行了实验研究。研究者让实验组的父母学习并使用自主支持型交流方式，进行7周的尝试后，实验组父母说自己的孩子在学习上变得更自主，对作业的感受和态度也变得更积极。这不仅证明自主支持对于提高儿童和青少年的学习积极性具有促进作用，同时也说明，父母可以通过学习和训练掌握这种教养策略。

除了在学业方面的积极效果,父母的自主支持行为还会促进青少年的心理功能、情绪能力与社会性的发展。大量研究发现,青少年如果感知到父母更多地采取自主支持教养策略,他们的心理会更健康,幸福感也更强(Lekes, Gingras, Philippe, Koestner, & Fang, 2010; Van der Giessen, Daniëlle, Branje, & Meeus, 2014)。不仅如此,父母的自主支持行为也有助于促进青少年的亲社会行为,会使青少年的社交能力更强,更倾向于向他人提供帮助(Cook, Buehler, & Fletcher, 2012; Gagné, 2003; Soenens & Vansteenkiste, 2005)。

调查父母的自主支持教养模式的问卷通常包括两个方面:父母在多大程度上给予孩子选择的空间(如"只要可能,父母就让我自己作选择"),以及在多大程度上让孩子表达自己的看法(如"当我遇到问题的时候,父母倾听我的意见和观点")。

其二,心理控制教养策略。

心理控制(psychological control)教养策略反映了一种消极的教育方式,指父母利用一些策略来操控孩子的心理体验、情绪、想法和行为,变相地强迫、控制孩子的成长,使其完全符合自己的要求(Barber, 1996)。这些心理控制策略包括爱的条件化(又称有条件的爱)、诱发消极情绪等。

爱的条件化(conditional love)是指只有在孩子的表现让父母满意的时候,他们才会表达出爱;而当孩子的表现不够好,或者违背了他们的意愿时,就会将爱收回,表现出无视、冷落或不回应的状态。例如,一个孩子的某次期中考试成绩不理想,父母直接表现出很不开心、不满意的情绪，故意冷落孩子或者不理睬他，忽视他的所有需要，只有在他再次考出好成绩的时候才会摆出笑脸，恢复为原来的样子，这就属于有条件的爱——当你的表现符合我的期望时，我才会爱你。

诱发消极情绪，如羞愧、内疚等情绪，则是指孩子的表现达不到父母的期望时，父母通过某些话语或行为试图让孩子产生愧疚、羞愧、后悔，要挟孩子按照自己的期望和目的行事。同样，在孩子的成绩没达到预期目标时，父母对孩子说："我这么辛辛苦苦把你拉扯大，你就这么回报我？""我起早贪黑挣钱伺候你，你连学习都学不好！""成绩这么差，早知道就不让你读书了！"类似话语都是在试图激起孩子的愧疚感，变相控制孩子的行为和情绪，希望他下次能考出令父母满意的成绩。

心理控制的方式还有很多，例如：

"你看看老王家的孩子多乖巧，成绩也好，你怎么就这么不上进？！"

"爱是要靠自己挣来的！你表现不够好，那我当然要惩罚你！等你下次考好了，再和我说话。"

"妈妈当年成绩可好了，你咋成绩这么差呢？你到底是不是我的孩子啊？"

"成天要这要那的，考这么差还想着吃好喝好？你好意思吗？"

父母施加的心理控制会让孩子感到焦虑、害怕，怀疑自己到底值不值得被爱,久而久之会形成这样的信念:只有在成绩好、表现好的时候,自己才是被接纳的、值得被爱的;如果自己能力不足或遭遇失败,就不值得被爱。长期处于心理控制下的孩子会设置极高、极严格的标准,迫使自己取得好成绩,以获得父母和其他重要他人的认可。同时,在心理控制中成长起来的孩子会更恐惧他人的消极评价,暂时的认可虽然会让其自我评价短暂上升或保持平稳,但当遇到困难或挫折时,其自我价值感会急剧下降。如此下去,孩子的自尊会变得相当脆弱与不稳定,压力感和焦虑感也如影随形,这对心理健康的消极影响是不言而喻的。已有研究发现,父母的心理控制行为对青少年的自尊、自我效能感和自我接纳程度有明显的负面作用(Bean & Northrup,2009;Filippello,Sorrenti,Buzzai,& Costa,2015)。

心理学家发现,父母的心理控制行为常常与青少年的心理问题症状和不良行为相关。大量研究均发现,父母的心理控制行为会增加青少年产生外化问题行为的可能性,增加青少年心理适应不良的症状,降低幸福感。例如,父母的心理控制水平越高,青少年的情绪调节能力越差,自我控制能力越低,抑郁、焦虑水平越高(Cui,Morris,Criss,Houltberg,& Silk,2014;Nanda,Kotchick,& Grover,2012;Nelson & Crick,2002;Soenens,Park,Vansteenkiste,& Mouratidis,2012)。在其他方面,研究者也发现了心理控制行为带来的负面作用。例如,当青少年生活在父母的心理控制下时,为了缓解压力,孩子更容易出现异常进食行为(如暴食、贪食、节食减肥等),影响身心健康(Soenens et al.,2008)。

在一些文化中,父母是威严的,也会更多地管束孩子,但对孩子的管束(例如,阻止错误的违规行为、危险行为)并不意味着父母在实施心理控制。父母的管束在监督不良行为、塑造积极行为的同时，也可以体现对孩子的尊重、关爱和情感上的交流。孩子犯错时，父母可以明确告诉孩子"我不喜欢你的行为"，让孩子反思错误行为会造成怎样的消极后果，而不是说"我不喜欢你"。

测量父母的心理控制行为的问卷包括三个方面，分别反映父母通过诱发孩子的内疚、威胁撤回自己的爱、扮演权威的方式控制孩子，使其按照自己的想法行动，如"当我不按父母的方式做事的时候，父母告诉我，他们对我很失望""如果我与父母的观点不一致，他们对我就不太和善""父母告诉我，他们要我做的事都是最正确的，我不应该质疑"（Wang，Pomerantz，& Chen，2007）。

自主支持与心理控制这两种教养策略是此消彼长的关系吗？研究者对此进行了调查，发现这两种教养策略并非一个维度的两极，而是两个不同的维度。也就是说，自主支持水平高的父母，其心理控制水平不一定很低（在通常情况下给孩子很高的自主权，但孩子犯错时使用心理控制策略）；自主支持水平低的父母也不一定就会对孩子施加很多心理控制（如可能忽视、放任、完全不管孩子）。这也提醒我们，即使父母给予孩子一定的自主支持，也可能同时存在一些无意识的心理控制行为，仍然会对孩子的发展产生负面影响。

教养策略对自我关怀发展的影响

在青少年自我概念的构建和发展领域，父母的自主支持行为有助于青少年自我概念的积极发展，有助于他们建立较稳定的自我价值感，提高积极的自尊（Van Petegem，Brenning，Baudat，Beyers，& Zimmer-Gembeck，2018），同时，也有助于青少年接纳自我，对自己有更积极的认同感(Weinstein et al.,2012)。父母的心理控制行为则会增加青少年自我批评的倾向(Bleys,Soenens,Claes,Vliegen,& Luyten,2018),使青少年将自我价值感与自尊建立在一些外在标准上(如学习成绩、外貌等),变得不再稳定(McCormick,Turner,& Foster,2015;Wouters,Doumen,Germeijs,Colpin,& Verschueren,2013)。

值得一提的是,心理控制行为还会助长个体形成适应不良的完美主义倾向,可表现为常常给自己设置过于严苛的标准,极度自我挑剔和苛责,频繁进行自我批评,同时陷入对失败的担忧中。我们会发现,这些思维方式与我们希望培养的自我关怀心态完全不同。当一个人将自己视为条件化产物,开始物化自己的价值,以极高的标准要求自己,不允许失败,不允许犯错时,可想而知,其自我关怀水平不会太高,发展也难以获得足够的养分。

这就意味着,当儿童和青少年生长在一个安全感十足,充盈着爱、接纳和尊重的家庭中,他们就会发展出更高水平的自我接纳和自我关怀,会以更友善的态度对待自己;而当他们生长在充斥着压力、心理控制、变相强迫、反对与怒斥的环境中,这种不安全感会促使他们以更严苛、挑剔、批评的态度对待自己(Gilbert & Proctor,2006)。另一些研究发现,与父母形成安全依恋的孩子,其自我关怀水平会更高;良好的亲子互动过程、正向的家庭功能等因素也都能正向预测儿童自我关怀的形成与发展。当母亲表现出更多的支持行为,母亲与孩子之间更经常以不评判、相互关怀的态度进行交流,孩子的自我关怀通常能发展得更好(Neff & McGehee,2010;Moreira,Gouveia,& Canavarro,2018)。

父母的教养方式如何影响儿童、青少年自我关怀的发展呢？我们在第二章中曾提到，自我决定理论认为，人类有三种基本心理需要——自主性需要、能力感需要和关系性需要。这三种基本心理需要的满足不仅是人格健全、心理健康和幸福感的源泉，而且对培养积极的自我认知、促进个体自我概念的成熟有不可替代的作用（Deci & Ryan，2000）。

在日常亲子互动中，父母的教养方式毋庸置疑会影响这三种基本心理需要的满足。习惯支持孩子自主性发展的父母，会鼓励孩子积极探索，独立决策，畅所欲言，这种教养方式自然会培养孩子充分的自主感；同时，积极的互动让亲子交往变得温暖、安全，有利于创建更和谐的亲子关系，满足关系性需要；再者，孩子有机会独立尝试和探索，去做自己喜欢的事情，这会引发更高的内在动机，更容易获得成功，体验到更强的能力感，满足能力感需要（Landry et al.，2008；Soenens et al.，2007）。习惯心理控制的父母会剥夺孩子的自主感和主动性，不顾孩子的喜好而替他"规划安排"，更容易引起亲子间的冲突与不合。在孩子表现不好时，父母使用诱发愧疚或撤回自己的爱等心理控制策略，使孩子害怕失误、失败和挫折，降低其自尊、自信和对自身能力的评价。显而易见，心理控制教养策略会阻碍、抑制三种基本心理需要的满足（Soenens & Vansteenkiste，2010）。

基本心理需要的满足也是青少年自我关怀发展的营养基地。三种基本心理需要得到满足后，能让青少年形成健康、积极的自我认知和自我态度，培养稳定的自我价值感和安全感；反之则会使青少年自主感不够，联结感不足，能力的自我评价低，容易培养出脆弱的自我认知和自我概念，形成条件化自尊——成功时自尊膨胀，失败时自尊破碎（Moller，Friedman，& Deci，2006；Heppner et al.，2008）。可见，父母的教养方式不仅可以直接影响青少年自我关怀的发展，还能通过满足三种基本心理需要的程度间接促进或抑制自我关怀的发展。

其他教养方式的影响

一些研究者关注了正念型教养方式（mindful parenting）对青少年自我关怀的培养作用。正念型教养方式是正念在教养领域的运用，指父母在教育孩子时充分使用正念的方式，将相互接纳、关怀、友善的态度贯穿于整个教育过程中。这种教养方式有助于父母言传身教，也能缓解父母自身的养育压力和消极情绪，将无条件接纳和友善、关怀的态度传递给孩子，帮助青少年培养自我关怀（Bögels，Lehtonen，& Restifo，2010；Moreira et al.，2018）。

另一些研究者发现，父母在孩子童年早期的养育行为会对孩子青少年时期的自我关怀发展产生影响。例如，父母给予的温暖越少，拒绝越多，过度保护的行为越频繁，孩子对父母的依恋越不安全，青少年时期的自我关怀发展就会越差。父母对孩子的需求的察觉和回应越及时，就越能够有效地培养青少年自我关怀的能力；反之，如果父母总是保持冷漠或拒绝表达爱意，抑或前后的教养行为不一致，孩子的自我关怀水平就会降低，而自我批评的倾向相应增强（Neff & McGeehee，2010）。从社会学习的角度来说，当儿童向父母提出诉求，希望父母能够爱护、安慰他时，父母总是以相反的方式来回应，孩子识别自身和他人的情感需要的能力就会比较弱，在关爱自身与关爱他人方面的发展也相对缓慢、滞后。因此，父母在教养过程中需要注意自己给孩子传达的信息，尽量避免使用冷漠或拒斥的教养行为，应该尽量以温暖、关爱的态度对待孩子，才能更好地促进其自我关怀能力的发展。其他研究者发现，残酷的教养方式（harsh parenting）也会阻碍青少年自我关怀的发展。这种教育方式极度消极且不恰当，通常以外显的攻击行为（如家庭暴力、身体攻击）和内隐的攻击行为（如心理控制、情绪暴力和情感忽视等）为主要特征（Barajas-Gonzalez & Brooks-Gunn，2014；Chang，Schwartz，Dodge，& McBride-Chang，2003）。家庭教育中如若存在这种残酷教养行为，将对青少年产生巨大的伤害，不仅会扭曲青少年的自我认知、行为和态度，而且会增加青少年罹患抑郁的风险。

青少年的自我关怀训练

正念自我关怀的团体干预课程

内夫等人（Neff & Germer，2013）率先提出开设为期8周的正念自我关怀（mindful self-compassion program，MSC）的团体干预课程，融入正念冥想、情绪调节、人际交往等课程主题，最早用于提高成年人自我关怀的水平。实证的干预对照研究发现，该课程有助于降低参与者的焦虑、压力和抑郁体验，提高生活满意度、对他人的关怀的水平和幸福感，证实了课程的有效性。基于这一课程的思路和主题，布卢斯等人（Bluth，Gaylord，Campo，Mullarkey，& Hobbs，2016）针对青少年群体，开发了以"和你自己做朋友"为主题的青少年团体干预课程（"making friends with yourself" mindful self-

第六章　内在滋养：青少年的自我关怀之路

compassion intervention，MFY），用于提高青少年的自我关怀水平。

MFY课程考虑了青少年的年龄特征，时长为6周，每周上一节课，每节课时长90分钟。和MSC课程相似，MFY课程的每一节课都有一个特定的主题。在课时1中，培训者首先给青少年介绍自我关怀和正念的概念、含义和成分，然后进行与自我探索相关的游戏，带领大家熟悉正念和自我关怀并尝试练习，为后续的活动作准备。课时2以正念为主题，培训者介绍几个相关活动（如正念呼吸、身体正念等），带领大家学习控制和引导注意力的走向，将注意力集中在自己的呼吸、身体上，舒缓内心。课时3主要介绍我们的大脑与行为之间的关系，意在让学生了解自己什么时候在思考，为什么会感到焦虑，等等。培训者先介绍大脑（认知控制系统和奖励加工系统）的组成、作用机制、发育与发展，之后引导学生讨论大脑这些区域的变化对一个人现实生活中的行为、气质和性格、认知能力、家庭生活等的影响。课时4集中介绍自我关怀与自尊的联系和区别，解释为什么自我关怀是一种更健康、有益的对待自我的方式，然后通过视频和例子加深大家对自我关怀的理解。课时5主要引导青少年寻找自己内心的"关爱的声音"（compassionate voice），并通过写作、绘画等艺术手段表达出来，进行有针对性的关怀心的训练。课时6是最后一个课时，主题是感恩和青少年的核心价值观，帮助青少年将关怀自我与善待他人联系在一起。

除了核心的理论内容之外，每节课也包含很多实践活动，如自我关怀的身体扫描活动（self-compassion body scan），即在关注身体感受时融入温暖、情感的成分；自我的瞬间（a moment for me）活动，让青少年进行舒缓的身体接触（相互挽手臂、彼此握手等），同时聆听一段自我关怀的冥想指导语,提醒他们要承认此时此刻的感受,要意识到情感体验是众人共有的,是人生的一部分,要以一种友善、关爱的态度来激励自己。每节课结束后青少年会有一定的作业任务,在课后要重温和练习这些课上的活动内容。研究发现,MFY课程对于提高青少年的自我关怀水平有积极作用。不仅如此,课程还有助于生活满意度、社会联结感、正念思维等的提升,同时能有效减少抑郁、焦虑等负面情绪(Bluth et al., 2016)。

关爱与友善冥想训练

关爱与友善冥想训练(loving-kindness meditation, LKM)是基于正念冥想开发的一种大脑冥想训练,旨在引发人们在情绪、认知、行为、动机上的转变,从而形成一种对待自我和他人的关怀、积极、温暖的态度和方式。在整个LKM过程中,受训者需要处于安静的环境中,闭眼坐在椅子上,在冥想开始前需要注意自己的呼吸。

与其他正念冥想训练不同的是,LKM将直接引导受训者产生积极、温暖的自我体验和情绪。具体来说,这项训练首先引导受训者将注意力放在自己的心脏部位,然后让他思考身边哪些人能让他产生温暖的感受(如自己的孩子、爱人、亲近的朋友等)。这一步完成后,它开始让受训者试着扩大范围,用这种温暖的态度对待自己和其他不那么熟悉的人。在周期性的LKM结束后,受训者将逐渐扩大注意力的范围,产生更积极的情绪体验,这种积极情绪将渗透到整个生活中。

许多实证研究都表明,LKM能有效提高人们的自我关怀水平、对他人的关怀水平、自我接纳度、社会联结感和积极情绪体验等

(Boellinghaus, Jones, & Hutton, 2014; Hutcherson, Seppala, & Gross, 2008; Zeng, Chiu, Wang, Oei, & Leung, 2015)。

基于正念的干预训练

正念是一种不评判、集中在当下的意识体验，主要包括两种成分：将注意力控制在当下，减少担忧和消极情绪的心理过程，以及采用开放、好奇和接受的态度面对当下的体验（Bishop et al., 2004）。在过去几十年间，心理学家发现，基于正念的干预训练（mindfulness-based interventions, MBIs）对于提高个体的心理健康、减轻问题症状均有积极效果（Baer, 2003）。随后，研究者发现，它对于增加对自我和他人的关怀也有很好的促进作用。

常见的MBIs包括基于正念的认知干预（mindfulness-based cognitive therapy, MBCT）、基于正念的减压干预（mindfulness-based stress reduction, MBSR）等。这些干预一般涉及呼吸体验、伸展运动等，让受训者先学会调节情绪、舒缓身心，之后会使用禅修、冲浪训练等，释放受训者的压力，并采用正念觉察的方式开始意识体验。在这个过程中，受训者能够了解消极情绪如何与我们的行为、认知、态度相联系，了解暴力会带来哪些消极后果，并识别可能的风险因素。这些理论学习引导受训者结合具体生活中的例子，识别自己在面对消极事件时产生的消极想法、情绪和认知方式，以及尝试如何更好地处理这些负面想法，以真正做到接纳自己。研究发现，MBIs能有效提高人们的正念、共情、自我关怀的水平和生活满意度，减少负面情绪体验（Goldin & Gross, 2010）。因此，我们也可借鉴MBIs的理论和干预步骤，培养青少年的自我关怀（Birnie, Speca, &

Carlson, 2010)。

我们可以发现，要提高青少年的自我关怀水平，最重要的是引导青少年以更开放、包容、接纳、温暖的态度来对待自己的不足和失误，从而获得良好的积极情绪体验。基于 MSC 课程，我总结了一套用于青少年的自我干预课程（图 6-1）。该课程涉及青少年的正念冥想训练、澄清价值观、情绪调节、人际交往、感恩与欣赏等多个主题，可以整体促进青少年自我关怀的发展。

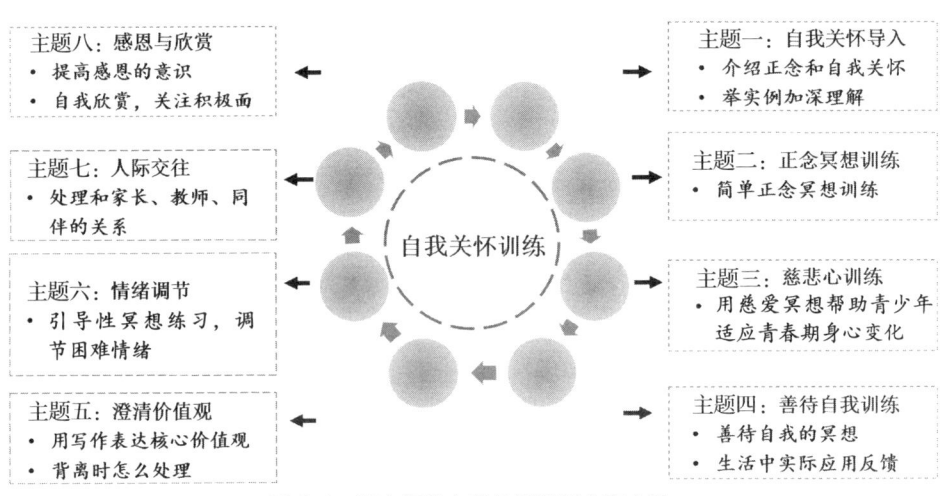

图 6-1　青少年的自我关怀课程内容介绍

第七章

掌握反转生活的力量：自我关怀干预措施

自我关怀是改变我们苛责、批评自己的习惯模式，与自己建立一种关怀、慈悲、善意的全新的关系。它不同于网络上常见的空洞的"鸡汤文"或"励志帖"，是一种全新的看待自我的方式，这种方式还会影响一个人如何理解自己与他人、自己与世界的关系。自我关怀更是一种善意的实践，已有不少研究者和咨询师设计、开发了基于实证的、具有操作性的支持和干预方式，使我们每个人都可以练习自我关怀，以更温暖、关怀和友善的方式与自己对话。

　　很多自我关怀的方法和技巧并不高端、神秘或遥不可及，新手和有经验者都可以通过适当的练习养成自我关怀的思维方式。但要注意，有些人发现，在刚开始练习自我关怀时，心灵的痛苦反而增加了（Germer，2009）。因为在练习自我关怀时，我们可能要先面对那些令人不安的痛苦和挫折。幸运的是，我们可以用自我关怀来面对这些痛苦，建立新的方式。这意味着在刚刚开始练习自我关怀时，我们可以允许自己慢一些，步子小一些。如果我们的痛苦过于强烈，可以暂时停止自我关怀的练习，将注意力拉回简单的呼吸中：关注双脚站在地面上的感觉，或者一些能让自己舒服的行为，如到户外呼吸新鲜空气和抚摸小猫，这都是一种自我关怀。心情平复之后，我们再接着练习。

　　此刻，相信你对自我关怀有了更客观的评价和期待，让我们开始探索自我关怀之旅吧。

停止打地鼠：自我关怀操作技巧

　　"我为什么不能更优秀一点？"

第七章　掌握反转生活的力量：自我关怀干预措施

"我为什么做了那么多傻事？"

"我为什么浪费了那么多时间，直到现在还一事无成？"

"我为什么不能变得更好看一些？"

在学习、工作和生活中遭遇困难、打击和否定后，你是否也曾这么问过自己？对于这些问题，你的内心会作出什么样的回答？你选择"没关系，大家都会失败，至少我收获了宝贵的经验，以后一定会越做越好的"，还是选择这些念头：

"我果然不够好……"

"我就是太笨了……"

"我太失败了，我的同龄人早都成功了……"

"改变自己实在太难了……"

随之而来的是对过去痛苦时刻的不断反刍和对未来生活的焦虑，心灵天空中阴云密布，一丝光亮都射不进来。为了好受些，你尽力压抑脑海中的自我批评和苛责之声，但这些话语像打地鼠游戏里的小地鼠一样，一个接一个地冒出来。你努力击打，小地鼠却越冒越多，直到你精疲力竭，甚至陷入焦虑、抑郁的泥沼中，无法自拔。

每个人都会有负面的想法和情绪，打地鼠的那个人可能是你，也可能是我，可我们只能选择让自我批评和苛责的声音充满脑海，疲于应付这个我们不喜欢的游戏吗？也许我们可以尝试在脑海中换一首轻柔的乐曲，看着小地鼠们探头探脑，或许此时原本恼人的小地鼠会伴着轻柔的乐曲睡过去，灰蒙、阴暗的心灵天空就会出现彩虹般的亮色。自我关怀正是试图以这样的方式去变换乐曲,反转生活,使心灵安静下来。

我在这一章会介绍几个与自我关怀的具体操作比较接近的、日常生活中熟悉的小练习,帮助读者更清楚地了解问题出在哪里,了解自我批判怎样影响我们在生活中感受温暖和幸福,使读者熟悉运用自我关怀的方法,逐渐建立积极的自我对话和思维习惯。

练习一:改变对待自己的方式

在你遭遇挫折和失败时,在你意识到自己的缺点和局限时,脑海里浮现的声音是什么样的?

是沉浸在痛苦、自责里,"我真傻,真的……",还是"让我停下来休息会儿,我能做得更好"?是"这次考试又没通过,我真是太差劲了",还是"我已经尽力了,下次我会复习得更全面一些"?是"为什么失败的总是我,命运对我太不公平了",还是"每个人的生活都不会一帆风顺,回去睡一觉,明天再想想哪里出了问题"?

如果前一种声音更常出现,就请再问自己几个问题:

你是否经常认为"只有我这么倒霉,别人都比我强"?

你是否坚信"纵容自己就会落后,落后是不可原谅的"?

你是否常常感觉"我犯的错误太低级了,真是糟糕透了"?

如果这些都被说中,你显然对自己太苛刻,缺少对自己的关怀和包容。现在到了改变的时刻了。我们都知道,遇到挑战时要迎难而上、努力奋斗,在苦难中一次次站起的精神很可贵,可请你仔细想一想,狂风骤雨中,树木是不是会选择随风摇摆,等雨霁风歇再挺立起来?

第七章 掌握反转生活的力量：自我关怀干预措施

图 7-1　风中的树

所以，请停下来，歇一歇，给自己一个温暖的拥抱、一句关怀的话语，甚至只是留出一小会儿放空的时间，让负面的思绪、糟糕的情绪平息，再选择上路。相信我，你会从自我关怀中受益良多。从当下就开始尝试改变吧！

下面是一个《状态性自我关怀量表》，相较第一章中的测量自我关怀特质的《自我关怀量表》，这个量表能更好地反映一个人短期内自我关怀水平的变化。当你尝试按照指导，进行自我关怀练习之后，你可以再重新评估一下。相信在你体验到自我关怀带来的喜悦、平和和安抚之后，也能在测验分数上直观地发现自己的惯性反应模式改变了，自我关怀的习惯在慢慢养成。自我关怀的宝藏就在你自己心里，等着你去挖掘！

\\\ 测一测 \\\

想想你现在经历的痛苦或困难，它们可能来自你生活中的一些挑战，或者来自你在某些方面感觉力不从心。请对下面的几个描述评分，它们在多大程度上符合你对自己的感觉呢？

题　目	非常不符合	比较不符合	一般	比较符合	非常符合
1. 我会给予自己充分的关爱和温柔。	1	2	3	4	5
2. 我过于关注和沉浸于每一件错误的事情。	1	2	3	4	5
3. 我提醒自己，世界上有很多人有与我一样的经历和感受。	1	2	3	4	5
4. 我觉得自己正遭受比别人更多的苦难。	1	2	3	4	5
5. 我对自己不宽容，没有耐心。	1	2	3	4	5
6. 我会全面、客观地看待事物。	1	2	3	4	5

（引自：Neff, Tóth-Király, Knox, Kuchar, & Davidson, 2021）
　　计分方式：反向计分题号为2、4、5（即1→5, 2→4, 3→3, 4→2, 5→1）。计算出6道题目的总均分作为状态性自我关怀的评分。

练习二：尝试给自己一个拥抱

年幼时我们受了委屈，会第一时间寻求父母的拥抱和安慰。可不知道从什么时候开始，我们渐渐忘记了对拥抱的渴望，忘记了被安慰、被呵护的感觉。整个社会告诉我们，"长大了就要独立、自强，不能像小孩子一样，总想让爸爸妈妈抱"。但渴望安全和温暖的本能从未消失，我们只是需要换一种方式来获取。当我们感到紧张、不安、害怕时，伴侣、朋友的拥抱可以给予安慰。社会支持的力量并不是随时、随地能够获取的，此时，我们可以尝试一种更简单、易行、有效的方式：自我拥抱。

自己拥抱自己？乍一听你可能有些疑惑，甚至有点抗拒。请相信我,这种方法很有效,你可以通过练习慢慢掌握。请寻找一个让你感到安全、自在的环境,尝试第一次练习。先试着双臂交叉,手掌抚摸对侧的手臂和肩膀,同时在心里对自己说,"这段时间辛苦了""我相信你""一切都会好起来的"(如果一开始觉得不自在,可以想象好朋友正遇到困难,此时自己会说些什么)。然后慢慢体会这种感觉,一些奇妙的神经和激素变化正在你的体内发生。相信你能找回这种久违的抚慰感,温暖、支持和安全的力量正通过掌心、手臂、肩膀传递到你的内心深处。

你可以多多练习,每天数次,持续一段时间,渐渐养成在感到痛苦和自我批评时,拥抱自己、安慰自己的习惯。如果你觉得难为情或者不习惯,也可以尝试躺在温暖的被窝里,想象给深陷痛苦中的自己一个拥抱。自我关怀就像给自己心灵的拥抱,让紧皱的眉头舒展开,让蜷缩的身体放松下来,以接纳、包容、温暖的姿态,张开双臂拥抱自己的对与错、好与坏。

图 7-2　你可以尝试给自己一个拥抱

练习三:给自己念一段自我关怀的话语

语言的力量异常强大,它既能给人暗示和指引,又能给人安抚与鼓励。从"船到桥头自然直"到"天空飘来五个字,那都不是事",再到"杀不死我的终将使我强大"……在遭受挫折时,这些或安慰或鼓劲儿的话语,往往会挑战诸如"完了,这回凉了""我就是太弱了"之类的苛责和批判的内部言语,让我们看到更多希望和可能性。

　　这种方法在心理咨询领域应用广泛,其内部原理是认知疗法的理论基础之一。认知的 ABC 理论是由美国心理学家埃利斯（Albert Ellis）提出的,其中激发事件（activating event,A）并不是引发情绪和行为后果（consequence,C）的直接原因,起主要作用的是人们的信念（belief,B）,三者的首字母合起来就是 ABC（图 7-3）。同样的事件因为信念不同、解释不同,会引发不同的情绪和行为后果。基于上述理论,人们的许多消极情绪和行为并不是单纯由某个事件引发的（尤其是负面事件）,而是由经受这一事件的人的不正确的认知和评价所引发。给予自我关怀的指导也可以采取与 ABC 认知疗法相似的策略,干预和纠正与自己相关的负面认知和评价环节。

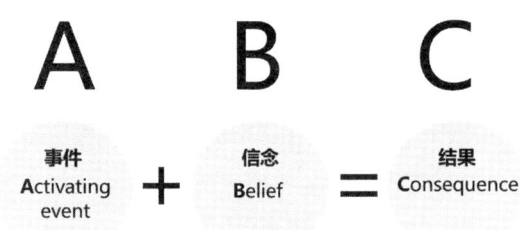

图 7-3　ABC 认知疗法的理论示意图

　　自我苛责也来源于不良的归因风格。归因就是对一件事情成功与失败的原因进行解释,以构建出稳定的、有意义的心理模式,而不是

第七章 掌握反转生活的力量：自我关怀干预措施

感觉这个世界是无常的、不稳定的、毫无规律可循的。面对失败，乐观者倾向于将其归因为外部的、不稳定的因素，如"这次考试失败是因为考题出得太偏""我只是运气不好"；悲观者则倾向于将其归因为内部的、稳定的因素，如"我是个废物""我不够好才会出现这种事情"。后一种归因风格也会表现为自我苛责的内部语言模式和信念，当人们陷入这种不良归因和自我暗示中，就会出现低自尊、疏离、退缩的表现，且常常难以自拔。此时，利用包含自我关怀三个成分的话语来挑战和代替负面的内部语言模式尤其重要。

其一，自我友善。面对困难时，我们要表现出接纳和友善，而不是严厉的批判。这让我们不再忙于应对自我苛责引发的负面认知和情绪，从而有更充沛的精力来解决问题："我应当理解自己，我做得很好了。""在痛苦的时候，我更应该试着拥抱自己。"

其二，持有普遍人性观。我们要提醒自己，这种痛苦每个人都可能遇到。这一方面会让我们产生与他人的联结感，减少疏离和退缩行为；另一方面会让我们对痛苦事件"去灾难化"——"这种经历每个人都会有，不是只有我一个人会面对。""很多人都熬过去了，我也行。""遇到这种事情，每个人都会有这样的感受，我感到痛苦并不是不可理解的事。"

其三，正念观。我们要接纳痛苦，而不是否认或者夸大痛苦。因为否认根本无济于事，甚至会适得其反（"不要去想粉红的大象"，越是这样想，粉红的大象在你的头脑里越清晰）；夸大痛苦则容易沉溺其中，逃避面对真相。要坦率承认："这件事的确使我痛苦。""我正在经历一段难熬的时光。"同时，要能意识到，痛苦只是暂时的，不会一直存在。

在遭受痛苦时试着默念这些话，当然，你也可以创造自己喜欢的话语，但要包含自我关怀的成分。比如，当你开着车要赶去公司参加一场重要会议，可道路上因事故严重堵车，你被迫卡在车流内缓慢移动。时间一点点过去，你越来越急躁，负面情绪占据了大脑，你不知道应该怎么办。此时，你可以尝试对自己说一些关怀的话："堵车确实令人懊恼，让人心情烦躁""这种事情大家都可能遇到，也许整条街的司机都像我一样，有很重要的事情要去做""我早上出门时已经选择了最不可能堵车的道路，只是今天碰巧发生了事故"……让自己的情绪慢慢平复，去理智地考虑怎么应对当前的状况：或者打电话向公司说明情况，或者找到一条岔路开出去，或者找个停车的地方，将车子停下来，改坐地铁上班……这样要比坐在车里一味抱怨、焦虑好得多，也避免被情绪挟持，作出开"斗气车"、闯红灯等鲁莽的行为。这些行为不能解决实际问题，反而会让当前状况更糟糕。自我关怀能带给你不一样的心情和不一样的处境，所以，在下一次体验痛苦或开始自我批判时，请尝试默念这些话语来安慰、关怀自己，这能帮助你缓解痛苦，恢复拼搏的能量，就像风雨飘摇中的船驶进港湾，在停泊片刻之后，于晴空丽日时重新远航。

练习四：写下对自己的关怀

也许一开始你在创造属于自己的关怀话语时会不知所措，不知道说什么好，这是因为平时你很少以关怀的方式对自己说话，甚至会觉得难为情，因而没有思路。文字是帮助理清思路的好工具，你可以用写信的方式表达对自己的关怀。这封信不需要华丽的辞藻、严谨的格式，只需要让内心的感受和话语坦率、自然地流淌出来。

当你遇到挫折、承受痛苦时，写这样一封信再合适不过了。写这封信的时候，要试图用自我友善、普遍人性观和正念的视角来解读、对待这些不幸和痛苦（Leary, Tate, Adams, Batts Allen, & Hancock, 2007; Neff, 2009）。例如，当面对一次考试失败时，你可以这样写："这次考得不好恰恰帮我找出了不足之处，以后正好能弥补一下。""这次很多人都没考好，大家都很沮丧，可能考题超纲了。""虽然现在感觉很难受，但我得调整好自己的情绪，好好准备下一场考试，这是更重要的事。"

如果你感觉以这种口吻写信不习惯、不自在，可以想象你的一位挚友会用怎样的话语安慰你。你甚至可以虚构出一个包容、理解、博爱的朋友的形象，想想他会怎样评价你的缺点，如何安抚、宽慰你（Neff, 2011）。"你并不孤独，每个人都有这样的痛苦时刻，我始终在你身边。""我们都有缺点，但这些不能否定你的整体价值，也不会摧毁你的生活。""先停止自责和懊恼，这次失败不是因为你能力不够，而是因为你太累了，需要休息。我们将节奏慢下来，周末去徒步，放松一下，再看看做些什么能改变现在令你不满意的状况。"慢慢尝试站在他人的视角看待、宽慰自己，就会渐渐熟悉这种感觉。接下来，你可以多多练习，学会将这些关怀的语言内化，再返回自己的视角。此时，对自己写下或说出安慰的话就不会那么尴尬、困难了。实际上，这些话语正是你内心一直渴望却极力压抑的话语，而享受这些温暖话语，对自己好一点是你天生的权利。请不要对自己那么吝啬。

一项研究表明，让易焦虑的人进行自我关怀的写作，他们在随后的 3 个月内抑郁和焦虑症状明显减轻，在 6 个月内幸福感显著提升。这种干预对那些原本习惯自我批评的人更有效，他们会变得更快乐。在最近一项以中国人为研究对象的干预研究中，研究者要求一组参与者在每周进行 3 次关怀写作，另一组作为对照组，只进行简单写作。研究者在 1 个月和 3 个月后随访，随访结果显示，关怀写作组参与者的身体不适症状明显减少，身体更健康（Wong & Mak，2016）。所以，现在就给自己写一封充满浓浓关怀的信吧！

这四个小练习的内在顺序是：首先要觉察我们对待自我的方式，了解问题出在什么地方；然后从外部安抚身体，缓解紧张和痛苦；接着从内部挑战和修改自我苛责的语言模式；最后通过写信将关怀的话和被压抑的需求具象化，并将其作为接纳和宽慰的来源。

接下来，我们看看生活中经常困扰我们的事情（部分事例来自论坛留言，但都经过改编和匿名处理），介绍几种自己就可以完成的自我关怀技巧训练。请注意，并不是一个事例只对应某一种或几种干预措施，或者说遇到这种情况只能用这种而不能用那种方法，事例只是为了引出接下来要介绍的方法。实际上，这些方法可以融会贯通、灵活运用，选择让你感觉最舒服、最容易接受的方法就好。

自我关怀练习

请让自我批评之刃入鞘

26 岁的楠楠是一位医药类专业的在读博士生，她生性要强，不甘人后。就算是跟朋友们出去登山，哪怕当天身体不适、头晕

第七章 掌握反转生活的力量：自我关怀干预措施

恶心，为了不拖累大部队，她也要坚持走完几个小时的山路。常挂在她嘴边的话是："我不能停下来，也没有时间能浪费了，我必须对自己狠一点。"最近，她深感迷茫，在一次久违的聚餐中，她对朋友说："我的实验已经做了8个月了，没有一次是成功的，实验条件和药物剂量跟师兄的一样，为什么我总是失败？做实验已经用了那么多昂贵的试剂，白白杀死了那么多小鼠，我真没用！我现在不敢进导师的办公室，也怕接到导师的消息。我甚至一想到那些小鼠，就觉得对不起它们，是我的无能害死了它们，我这样的人也许就不配读博士……"

我们经常听到这样自我嘲讽或者批评的话："我就不是配学编程的人。""他离开了我，是因为我太差劲了。""今天展示时我又出丑了，太糟糕了。"……一些人时刻监视着自己，经常因为没有达到自设的严格标准而感到极度内疚和羞耻，开始自我贬损（Blatt，1974）。当这些有自我批评倾向的人认为自己失败时，他们会以敌意的方式对待自己，认为自己没有价值（Shapira & Mongrain，2010）。你可曾想过这么多的自我批评源自哪里，对我们有什么影响？

我们从小就常听，"批评使人进步"。每当孩子被别人夸奖时，许多父母会说"哪里哪里，我家孩子笨得很"；如果有人表扬孩子作文写得特别好，父母依旧会揪着孩子不完美的地方，"作文好没什么用，他数学成绩差得很"。诚然，适当的批评有利于发现问题，谦虚也确实是一种社会相处之道，但被夸奖绝不是洪水猛兽，接收夸奖也并非必然导致骄傲和退步。总是拒绝表扬，懵懵懂懂的孩子可能会产生这样的疑惑："被表扬是错的吗？我是不是不值得被表扬？"这会让孩子习惯化、自动化地形成固定的价值观和认知图式，认为自我批评是进步的无上法宝和万全之策，对自己的表扬仿佛老鼠夹上的奶酪，不能欣然接受。所以很多人在被赞美、表扬时会觉得惶恐不安，认为自己不配、不值得。大量研究发现，童年期的自我批评影响以后的社会适应（Zuroff, David, Koestner, & Richard, 1994），并在一生中与抑郁症的发病风险有关。

人们种植果树时，为了让树木有更充足的养分结出果实，往往将多余的枝条砍掉，这称为"拉枝"。适度的批评正如"拉枝"，可以砍去多余的傲气和自我满足，让我们收获更多果实；而过度的自我批评则像以利斧不断砍斫主干，是对缺点的不断放大，会损耗自尊心，贬低自我价值，带来的绝不是健康成长和累累硕果。

遗憾的是，自我贬损的想法相当普遍；更遗憾的是，人会对批评这件事上瘾，即使我们已经长大成人，独立生活，父母、老师不再扮演批判者和审判者的角色，我们自己却坐上了高高的审判席。这位审判者对我们极端不满，认为我们在不断犯错，什么都做不好，不但将法槌敲得乒乒作响，甚至频频举起责备与批评之刃，将我们砍得遍体鳞伤。逆来顺受和彷徨无措不会赶走这位苛刻的审判者，反而会使其变本加厉。但我们需要的是一位仁慈、威严而不带偏见的智者。他的手里没有握着批评之刃，他会温和地告诉我们什么时候做错了需要改正，什么时候做得很好值得表扬，抑或在我们失败之后坐到我们身边给予安慰。相信你已经受够了毫无怜悯的批判，该让批评之刃入鞘了！

方法一：正念地对待自己的不完美。

世界上不存在一个完美的球体。当把一个球体放大百万倍后，人们就会发现球体表面其实是凹凸不平的,球体边缘是不平整的,甚至在重力的作用下,乍一看圆滚滚的球体实际上是个椭球。就像我们欣赏八月十五的月亮,皎洁、圆润,"皎如飞镜临丹阙",可如果用天文望远镜观察,月球表面尽是坑坑洼洼的陨石坑,只是我们离得太远,看不到这些"缺陷"而已(图7-4)。如果我们只盯住这些坑洞,便失去了"海上生明月"的美好意境,更不会有"天涯共此时"的绝妙联想。皎如飞镜的明月尚且如此,人又何如?

图7-4 "不完美"的月球表面

完美主义真的完美吗?研究发现,完美主义与自我批评、反刍思维(即不断地回忆和思考负面事件和消极情绪,无法自拔)、压力、抑郁、焦虑、进食障碍、职业倦怠具有密切联系(费定舟,马言民,2017)。每个人都有不完美和对自己不满意的地方,不完美如此平常,为什么有时我们会感觉自己变得糟糕了?是什么让我们陷入沮丧、愤怒、痛苦和怨恨的泥沼中?当这样的负面想法和消极情绪出现时,请不要竭力压制,更不要夸大,就让它待在那里,以正念的态度和思维观照。

每周进行一次瑜伽和呼吸正念训练,可以有效增加自我关怀,减少压力以及完美主义带来的不适应,这些都可以提高幸福感(Beck,Verticchio,Seeman,Miuiken,& Schaab,2017)。当然,正念训练的方法有很多,市面上也有很多此类书籍和课程,如果读者感兴趣,可以自行挑选,找到最适合自己的正念训练方法并践行一段时间,相信它能让你卸下完美主义的包袱,迎接更幸福的生活。

方法二:请坐到另一张椅子上。

这里要介绍的技术源于心理咨询中被广泛使用的双椅子(two chairs)技术。最初的双椅子技术要求来访者先坐在一张椅子上,扮演内心冲突情境中的一方,然后再换坐到另一张椅子上,扮演内心冲突情境中的另一方,并让这两方持续对话。在这种持续对话中,来访者凌乱的思绪得到整理,一些被压抑的、未被承认的经验浮现出来,这为进一步达成自我与自我的整合、自我与环境的整合创造了条件。一般来说,双椅子技术主要有两种形式(刘鹏志,2005):

其一,自我对话式。假如来访者内心有很大的冲突和矛盾,可以放两张空椅子在来访者面前,来访者坐在一张椅子上扮演内心冲突的一方,坐在另一张椅子上扮演内心冲突的另一方,来回切换,依次对话,达到理清思绪、澄清观点和内心整合的目标。

其二,他人对话式。这种方式主要应用于不能良好理解他人意图的人际交往困难的情境和社交恐惧的情境等。具体方法为,来访者坐在一张椅子上扮演自己,坐在另一张椅子上扮演他人,依次展开对话,从而达到帮助来访者站在他人的角度考虑问题、理解他人的目的。

第七章　掌握反转生活的力量：自我关怀干预措施

图 7-5　双椅子技术

自我关怀的双椅子技术结合了上述两种形式，既有对自我内心冲突部分的探索与调和，又有以他人视角进行安抚和沟通的换位思考，更有站在不同角度的情感体验和情绪表达。自我批评往往以内部语言或内心声音的形式存在，伴随着建议、命令、谴责和情绪出现（Gilbert，2000；Whelton & Greenberg，2005）。我们可以通过各种方法澄清这些自动思维并与之互动，如通过给自己写信或空椅子技术，直接与它们交谈和对峙（Whelton & Greenberg，2005）。下面介绍的方法就是在自我关怀训练中使用的双椅子技术。

在一间安全和不受打扰的房间内，摆放两张空椅子，一张代表批评者，一张代表回应者。首先，你坐在代表批评者的那张椅子上，回想内心的自我批评、苛责的想法和话语，毫无保留、不假思索地将它们说出来。例如："我太弱了。人家已经做成功那么多遍的实验，我为什么总是做不出来？这样下去，我会毕不了业……"在这些声音出现后，你坐到另一张代表回应者的椅子上，开始回应这些批评："我感到疲惫和沮丧，我已经失眠好久了，我现在很想哭，我需要一些休息的时间……"要注意，坐在不同椅子上时要转换不同的身份，并让双方"真正听到"对方的感受。如此在两张椅子上交替转换身份，直到两种声音达成某种共识，或达成决议（Clarke & Greenberg, 1986）："我这段时间太急躁了，时间是够用的。周末我要放松一下，然后向导师、师兄和师姐请教。"

采用这种双椅子技术对参与者进行干预，就能明显增加心理幸福感（Neff, Kirkpatrick, & Rude, 2007）。请从自我批评的椅子上站起来吧，坐到自我关怀的椅子上！

你可以保护内心的小孩

25岁的苗苗总是很在意别人的眼光，别人的一个眼神、一句话，都会让她想好久："是不是我做错了什么？是不是我做得不够好？"这种自我怀疑和羞愧感充满了她的生活，给她带来许多困扰。

苗苗认为这源于她小时候被伙伴莫名其妙地孤立，上学时朋友也很少，自己形单影只，不知道找谁玩，所以总在家里不出去。妈妈和姐姐也没有关怀她，反而问她："别人都跟小朋友在外面玩，你怎么不出去？"这句话直到现在都在苗苗的脑海里萦绕："是啊，为什么呢？为什么我没有朋友呢？大概是因为我不够好吧……"无助的苗苗只能这样解释，感觉自己很没用，连朋友都没有，非常羞愧。

第七章　掌握反转生活的力量：自我关怀干预措施

苗苗长大后结婚生子，低人一等的想法和羞愧感使她不愿意交际，怕被别人伤害，怕保护不了自己。"自己成为妈妈后，带孩子出去玩，总怕自己保护不了他，有深深的羞愧感。不敢做自己，又防备心重，怕伤害，怕别人看到我不好的一面，不能保护自己内在受伤的小孩，也担忧我的孩子将来会像我一样。"

我们在生活中都或多或少存在遗憾和不完美，一段错过的爱情、没有陪在亲人身边的遗憾、曾经荒废的学业、不够开朗的性格、不甚满意的自我形象……这些遗憾和不完美或是因自己而起，人力可为；或是环境使然，无能为力，但它们都可能让我们掉入自我批评和羞愧的漩涡中，被"我真傻，真的……""要是当初自己……该多好啊"这样的羞愧念头一直萦绕，甚至感觉他人的一个表情、一句话都让自己如芒在背、坐立不安。

虽然羞耻并没有普遍认同的定义，但它通常由两种成分组成。第一种成分是外在羞耻，这与一个人认为别人怎么看待自己有关（Gilbert，1997，1998）。例如，我们时常认为他人对自己有意见，或者认为自己身上有不受欢迎的地方，产生"我是不好的""我是不值得被爱的"等自我贬低和自我批评的想法。这会使我们感到外在世界是不安全的，要采取一系列防御措施保护自己，如回避社交生活，开始退缩，有"不想让人看见"等潜在心理与行为；同时，处理外界信息时也会出现扭曲和抑制，大脑很容易处于空白和混乱状态（Gilbert，1998）。第二种成分是内在羞耻，它伴随着我们长大，从儿童时期就存在，之后逐渐壮大。它关注"我该怎样为别人而活"。外在羞耻与内在羞耻的主要区别在于，前者关注别人对自己的看法，后者关注自己，其关键组成部分是自我贬低和自我批评。外在羞耻和内在羞耻也可能融合在一起，或相互影响（Lewis，1992，2003）。在青少年向成年人转变期间，羞耻感的发展很大程度上受父母的侮辱和拒绝的影响（Stuewig，2005）。

在羞愧的状态中，一个人不但经历了外部世界的反对，而且其内心世界变得具有批判性和敌意，不断伤害自我。自我会感到不堪重负，很容易支离破碎，选择逃离和封闭起来。此时我们的内心像惶恐、受伤的小孩，找不到安全的地方来获得安慰。更糟的是，耻辱感和自卑感容易发展成一种惯性的思维方式，在内心自动运转。

自我关怀及其干预方法为我们提供了质疑自我羞愧和自我批评的工具，可以缓解感知到的外界环境的敌意和自我敌意，减少威胁感，增加安全感。这类方法基于这样一个原因：当人们遭遇麻烦或者失败时，他们可能会因为害怕而自我批评，此刻无论是内在世界（自我对自我）还是外在世界（他人对自我），仿佛都充满敌意。容易羞愧的自我批评者往往被忽视过或受过伤害，这会让他们很少感到安全和放心，在获得温暖的安慰时甚至也会恐慌无措（Gilbert，2000）。改善这种状况的方法正是自我关怀训练，它在自我羞愧和批评的干预和治疗中有显著成效。例如，一项针对高羞耻感和自我批评的关怀心训练研究显示，参与者在接受干预后，抑郁、焦虑、自我批评、羞愧和自卑的水平都明显降低，自我安抚的能力明显提升（Gilbert & Procter，2006）。

关怀心训练主要针对自动化、不受控制的内部语言。试想一下，假如某一天你接到电话，说一位亲人受伤了，你是不是会立刻出现一系列焦虑反应，一心想知道亲人现在在什么地方，关心他受了多重的

第七章 掌握反转生活的力量：自我关怀干预措施

伤，后果多严重，等等。这是我们正常的本能反应，在意识到之前就会启动，而理智的评估和计划往往在本能反应启动之后才出现。关怀心训练的重点是，让人们意识到这种自动反应在很大程度上源于遗传、学习和条件反射，是不易控制的。当人们没有成功控制这种自动反应时，不需要有羞愧或可耻的感觉（Leahy，2002，2005），而应该去接受这种自动反应（Lynch, Chapman, Rosenthal, Kuo, & Linehan，2006）。

很遗憾，有些人没有机会发展出理解痛苦的根源，在挫折和失望的情况下保持自我关怀的能力。在遭遇挫折的情况下，他们会自动进入一种将他人视为有敌意的、拒绝的内部模式（Baldwin，2005）。这需要各种形式的训练，学习新的情感表达方式，徐徐改进（Brewin，2006；Gilbert & Irons，2005）。关怀心训练正是要使人们在出现愤怒、焦虑、厌恶等威胁性情绪，并经历自我批评和谴责时能进行自我关怀，有更多温暖的体验（Gilbert & Procter，2006）。

为了驱散内心的冰冷敌意，我们首先要产生温暖的感觉。通常情况下，温暖的感觉是通过体验他人给予自己的温暖开始的，给予温暖的他人可以内化为自我的内部图式或形象，成为自我安慰的来源。关怀心训练邀请人们创造属于自己的温暖形象，想象给予自己关怀和同情，其主要过程是：首先想象一个安全的地方，可以是真实的，也可以是虚拟的；接下来，创造一个心目中理想的关怀和包容的形象，这一形象必须具有智慧、力量、温暖和不评判的品质。下面的问题可以帮助你想象出关怀的形象，以及这一形象具有的品质看起来、听起来和感觉起来是什么样子的：

- 你理想中的关怀形象的外观是什么样的？（看上去是睿智的老人吗？）
- 你理想中的关怀形象有什么样的声音？（声音是低沉、浑厚的吗？）
- 你还能赋予这个形象什么样的感官品质？（靠近他，身上就会有暖风吹拂的感觉吗？）
- 你理想中的关怀形象与你存在什么关系？（这一形象来自你的老师、朋友吗？）
- 你希望如何与理想中的关怀形象联系起来？（当你低落的时候，这一形象就会出现，倾听你说话吗？）

构造出这个形象之后，当我们再沉溺于自我批评和自我攻击时，在内心的小孩惶恐不安、无处可躲时，请你进入想象中创造的安全空间，专注于想象这一关怀的形象，然后去思考："这一关怀的形象此刻会有什么感受？会对我说什么？会做什么？"例如，当我们考试失败，内心批评自己真没用时，这一形象会心生同情和怜悯，出现在我们面前，温和地说："没关系，你已经很努力了，这次考试的确很难，许多人都考得不好。考试已经结束了，事情已经过去，你只需要准备充分，下次一定能考好！"这一方面能让我们感觉好受些，另一方面会启发我们试着体会以慈悲、关怀的思维方式对待失败和缺点，慢慢地，我们曾经存在的苛责和批评的内部语言就会被取代。

在一项实验中，参与者被要求回想自己的羞耻想法或自我攻击想法，接着感受创造出的慈悲和关怀的形象，一些参与者说，他们的消极想法似乎开始改变。一位创造了"大海"这一形象的参与者自述：

第七章 掌握反转生活的力量：自我关怀干预措施

"我看到大海逐渐消除了我的负面想法，意识到自己不必这么想，我可以让它都过去，这真的不是我的错，想到这些我泪流满面。"

也许就如歌曲《大海》中所唱的，"如果大海能够带走我的哀愁，就像带走每条河流，所有受过的伤所有流过的泪，我的爱，请全部带走"。希望读者能通过关怀心训练，带走自我怀疑和自我批评，融化羞愧和离群的坚冰，让内心的小孩在和煦暖阳中尽情奔跑和欢笑。

你可以很美

24岁的小美很关注自己的身材。身高165厘米的她体重105斤，算是很标准、很健康的身材，可她总认为自己还不够瘦。她每天都要称体重，轻了会"小欢喜"，重了就要郁闷好一阵子，吃饭也严格计算热量。

想到毕业这么久，工作还没有起色，她将其归因为"别人的身材都比我好，所以更容易升职加薪"。结婚后，家人一直催促她赶紧要孩子，一想到生完孩子身材会走样，她就更焦虑了。为此，小美一边节食一边吃减肥药，很快瘦了十几斤，大家说她变瘦了，身材很好了，可她还是认为自己不够瘦、不够美。"我离A4腰还差一些，在夏天来临之前我要瘦成一道闪电！"

后来，小美开始莫名心悸、心慌，她担心这是减肥药物的副作用，就不再吃药，但体重还在持续下降。她没有食欲，不觉得饿，甚至出现虚弱无力、生理周期紊乱等症状。到医院检查后，医生诊断她患了厌食症，目前营养严重不良。医生感慨，小美至少还知道身体出问题要及时就医，很多女孩子拼命减肥，减出了一身毛病还不以为然，甚至把命都丢了。

"你看这个模特好瘦啊，穿上这条裙子好漂亮！""这图修得也太严重了，台阶都被拉变形了。""那也感觉好漂亮，好有气质，我要能有这样的身材就好了！"

这种对话在女性间很常见。在无处不在的商业广告的渗透下，即使大家知道照片上女模特的颀长、消瘦身材是有"水分"的，是经过修图甚至严重失真的，也仍然受其影响，不改对这种身材的向往。这种体形逐渐代表了大众普遍认知的"美"，使很多女性心生向往，并在设想"当我变得这么瘦，一定很好看"的憧憬中体验到积极情绪。如果你留意一下一天中跟闺蜜、朋友、同事谈"胖、瘦、身材"这些关键词的频率和周围人关于身材的话题，就会意识到，无论是饮食、着装，还是运动、作息，这种"永远瘦"的理想时刻影响着女性，甚至会潜在地影响那些原本认为瘦不瘦不重要的人，让她们也开始在乎起来。

由于时刻处于越瘦越好的环境中，很多女性会不自觉地将自己的体形与理想体形对比。但理想体形常常是经过修图处理的，是过于理想的标准，大多数人达不到，就认为自己的体形不完美，不符合社会期望，甚至体验到焦虑、抑郁和羞耻感等负面情绪。持续的不满还可能诱发不理智的行为，如过分节食、催吐等，严重时会发展为饮食失调和其他功能障碍。现实生活中，一些体重正常甚至较瘦或过瘦的女孩，对自己的体形不满并强烈求瘦的情况越来越多，在少女和年轻女性身上尤为明显，并逐渐向低龄和高龄人群蔓延。

吃东西是一种本能行为，人们不仅能通过吃满足基本的生理需求，还能将它当作一种重要的情绪调节方式（Goss，2011）。许多人在情绪不佳时喜欢吃顿大餐，在孤独时也喜欢大快朵颐，还会比平时吃得更多，这就是将吃东西当作情绪调节手段。可能会存在这样的恶性循环：因为情绪不佳，所以用吃东西来缓解和调节不良情绪，吃完后又会产生愧疚感和自我批评——"我为什么又忍不住吃了这么多？我真是没用，胖死算了！"这种愧疚和自我批评增强了消极情绪，进而增加了暴食的可能性。要学习以开放、接受和非判断的方式对待食物，并能保持一种正念观照的态度，这会增强识别饥饿、饱腹感等内部线索的能力（Forman，Butryn，Manasse，& Bradley，2015；Kristeller & Wolever，2011），还可以减少自责等负面情绪。对体重、体形和饮食有更灵活、更接纳的态度，有助于我们作出更健康的选择。

基于正念的自我关怀干预措施能有效地减少关于体重的自我污名（"我现在胖死啦，我不可救药，没人会喜欢我！"）、对体形的担忧和相关心理困扰，改变不健康的饮食模式（因心情不好而胡吃海塞），同时可以增加身体活动，甚至能帮助减肥（Forman et al.，2013；Lillis，Hayes，Bunting，& Masuda，2009；Niemeier，Leahey，Reed，Brown，& Wing，2012）。众多研究表明，身体不满和身体羞耻与更高水平的抑郁、焦虑、自尊心低、生活质量差以及吸烟等不健康行为有关。改变从当下开始，一起探究另一番变美之旅吧！

方法一：接纳身体的不完美。

接纳和关怀身体的不完美，是对鼓吹人人需要变美、变瘦，对"干得好不如长得好"的挑战。我们被此类宣传和价值观戕害很久了。它们将美定义为身材瘦削、大眼睛和尖下巴等，却忽略了美的多样性,又物化和扁平化拥有鲜活灵魂和丰富性格的人。这种趋势造就了一批工厂化的、如出一辙的偶像,彼时认为这是美的形象,现在这一切应该改变了。无论在何时,健康的身体、饱满的灵魂都应该是珍贵而稀有的。请停止与不切实际的"完美"形象作对比,关怀自己的健康和幸福吧。以下方法可以让你对自己的身体和外在形象有更客观的认知和态度(Neff,2011)。

首先,列出你满意和喜欢的身体特征,可以是纤细、修长的手指,不惧冷热酸甜的好牙齿,能支撑你走上两个小时的强壮双腿,等等,任何令你满意的身体特征都值得欣赏和感谢。然后,列出你不满意的身体特征,如肥肚子、胖脸颊或瘦弱的胳膊。请记住,这些问题许多人都会遇到,因为几乎没有人能够拥有理想中的完美身体,只要它们不影响我们的健康和幸福,就没有关系。最后,请试着以理解、包容和支持的态度对待自己的身体。当然,关怀和接纳不是放纵自己,而是要忘掉外界对样貌和身材的不合理标准,用内心的声音回答:"有没有办法能让自己对身材的看法变得更积极?""如果我选择每天晨跑和吃清淡食物,这让我感到轻盈和舒适,那就是适合我的方式。"依着自己的喜爱而不是他人的期望去做,并用鼓励和善意的话语给自己激励,这种自发的动机和力量会源源不断,让我们拥有健康、快乐和自信!

方法二:自我关怀冥想。

一项为期3周的针对女性体形不满的自我关怀冥想干预研究显示,与未接受干预的对照组相比,接受干预的参与者的身体不满、身体羞愧感和将外表与自我价值相联系的倾向明显减弱,开始自我关怀和欣赏自己的身体,这种改变在3个月后的评估中保持不变。可见，自我关怀冥想是改善女性体形满意度的有效方式。这是因为，首先，对自己身体的不满意往往根源于以批评而不是接受的态度和方式对待自己的身体，而自我关怀中的自我友善成分让我们学会以友善、温和、理解自己的态度直面和应对批评的想法和思维习惯。其次，自我关怀中的普遍人性观能把女性从"别人身材都比我好"的偏颇思维中拉出来，让她们意识到，并不是只有自己才有身材上的困扰，很多人都有同样的苦恼，进而帮助女性从更宏观、包容的视角看待自己的身材，从而减轻对身体的不满和身体羞愧感。最后，自我关怀中的正念成分以客观、平衡的方式，帮助女性摆脱对不喜欢的身体特征的执着和纠结，减轻诸如"我的身体没有吸引力""我觉得自己太胖了，不值得被爱"等痛苦感受和情绪困扰（Albertson, Neff, & Diu-Shackleford, 2015）。

自我关怀冥想的基本模式是以身体为媒介，让注意力在身体上游走，觉察、定位和体验消极情绪在身体上的位置和感受，再用意念和言语进行关怀，最终达到直面和解决情绪问题的目的。你可能会疑惑，什么叫以身体为媒介？身体与情绪有什么关系？实际上，情绪与身体的联系非常紧密，不同的情绪状态下，身体会有不同的激素分泌、植物神经激活、心跳、血压、皮肤电状态等。身体状态的改变、姿势的不同，甚至故意做出不同的表情都会在不同程度上影响认知和情绪。

外部表情、姿势与内部认知和情绪存在关联，我们当然可以将身体作为"媒介"来调整情绪。这种方法既可以应对当下的消极情绪，也能平复以往事件引发的痛苦。所以，如果你长久以来为外貌烦恼，或者你正情绪低落，除了在心理层面关怀自己之外，还可以从躯体上直面和调整情绪。

比较专业的自我关怀冥想需要在音频的指导下进行，这些音频可在不少网站上找到。当然，市场上也有一些相关体验培训，读者可根据自己的需求，寻找有正规资质的机构或正规课程尝试与体验。

比起自我贬低、自我苛责，进而痴迷减肥、整容的你，悦纳自己、健康积极、脸上露出微笑的你，真的很美。

你的工作热情燃尽了吗？

29岁的阿蒙有一份稳定且让人羡慕的工作，但最近他突然跟父母和朋友说，自己要辞职。父母坚决反对："别人挖空心思都得不到的工作，你为什么要放弃？"阿蒙回答："我真的不想待下去了，这份工作就是在消耗我的生命！"阿蒙的朋友很了解他的感受，入职6年了，始终得不到晋升，工作内容贫乏、单调，缺乏挑战和成就感，用一句话来形容就是，"能看到退休时的样子"。

阿蒙刚入职时，每天积极主动，会早早来到公司开始工作，即使是只做一些杂活，也乐在其中。彼时的他头脑灵活、思维敏捷，可现在的他对工作失去了热情，常感到疲倦乏力、腰酸背疼、神情恍惚，说话开始不利索，不想搭理同事，听到电话响就心烦意乱，连起床上班都会痛苦、纠结很久。

阿蒙很可能出现了职业耗竭。"职业耗竭"这个词是从英文"burnout"翻译过来的，原为燃烧尽、枯竭的意思，也有研究者将其翻译为"职业倦怠"，现在被用来形容一个人在职场中的负面心理和精神状态。其典型表现有三点：一是情感衰竭，筋疲力尽；二是性格变化，冷漠疏离；三是缺乏成就感，自我效能低下。简单来说就是：不想干，别理我，我不行。生理状况包括疲劳、疼痛、食欲不振、失眠、健忘；情绪上焦虑、抑郁、易怒、悲观、绝望，甚至萌生自杀念头；外在行为表现为人际关系不良、离群、工作质量下降，甚至会发展为酗酒等物质依赖行为和抑郁症等心理问题。

容易遭受职业耗竭的典型职业是医护人员，尤其是护士（Dominguez-Gomez & Rutledge，2009）。职业耗竭与抑郁、焦虑和低自尊等身心问题有关，也会影响职业效能感，还可能导致较差的患者护理和医疗事故发生（Shanafelt, Bradley, Wipf, & Back, 2002; West et al., 2006）。职业耗竭会使人对工作的评价、认同感和满意度下降，离职率上升。对很多人来说，这个词语还相对陌生，自己和周围人出现职业耗竭症状也常认为是"工作累了，需要休息"。可正常来说，休息能让我们随后精神饱满，工作的热情和生活的心力燃烧殆尽之后却不可能很快恢复。所以，自嘲"社畜"时，别忘了给自己关怀。

我们要练习的方法是，问问自己："困难与压力带给我什么礼物？"

我们都会有这样的经历——考试考砸了或工作材料没准备好等，当时感觉，"完了，今天这关算是过不去了"。事后会发现，没有我们想象的那么糟糕，生活就是关关难过关关过。曾经难以逾越、令你望而生畏的挑战，你在战胜它后一定会收获一些美好的东西，或是成长，或是经验，或是人生中更有意义和价值的东西。正如尼采所言："那些杀不死我的，只会让我更强大"。你之所以成为今天的你，既要感谢命运的善意和馈赠，也不能忘了当初那些让你觉得无法解决的困难、令人生畏的挑战，它们同样让你变得更强大。

案例中的阿蒙进入工作的彷徨期，对自己的能力产生怀疑，人在迷茫中就会找出路，在绝望中就会有更紧迫的思考。一些激烈的争论会在阿蒙心里反复上演："我不喜欢现在的工作，那我喜欢什么？我要不要做其他尝试？""放弃现在的工作，我会失去什么？达成我的理想需要做哪些努力？"在与自己的对话中，阿蒙梳理了混乱的思绪，感觉自己追求新生活的渴望更强烈了，梦想也是通过努力实现的，他或许最终决定——"我还有梦想要去追求，还有情结等待解开，我失去的只是一份外人艳羡的工作，获得的将是未来无数种可能和自我实现！"阿蒙换了新环境后，生活豁然开朗，心态也年轻起来，更重要的是，他找到了实现自我价值的途径。此时的他不怨恨曾经的失意了，那样的经历也成就了今天的他。

所以，试着从另一个角度看看这些挑战和困难有没有给你带来额外的礼物和惊喜。如果你暂时找不到答案，就该暂停一下，关怀一下自己。因为当我们被消极情绪折磨时，很容易因为状态不佳、决策失误等原因让事情朝不良方向发展，雪上加霜。先让自己喘息一下，对自己说些温暖的话："这份工作让我很沮丧，感觉被抽走了活力，身边的很多人也有同样的感觉，我并不孤独。这只是一份工作而已，不代表美好生活的终结，痛苦可以推动我尝试新机会。我还年轻，还能承受改变！"对自己说完这些话，你可以去拥抱他人或者自己，给自己写一封鼓励的信，做几次关怀冥想。等思路清晰，情绪平稳，权衡各项选择的利弊后，你作出的决定会更客观、冷静。把它当成一个让你练习自我关怀、培养强大内心的机会吧！

第七章 掌握反转生活的力量：自我关怀干预措施

亲密关系中的关怀

26岁的多多外表靓丽，职场得意，有一位各方面都很优秀的男友。可最近她和男友频频吵架，在一次向闺蜜吐槽男友对她不好后，闺蜜愤愤不平地找她男友讨说法。男友面对质问一脸茫然，解释道："你也听听我的想法，我也特别苦恼。在一起之后，她总说我以前的成就不值得一提，思想太落伍，应该跟她学；还喜欢揪住小毛病教训我，说以前追她的人如何优秀，就算分手也有大把人追，但我现在不可能找到比她更优秀的人。在遇到矛盾和分歧的时候，我们俩的性格和处理方式有些不同。我认为如果大家情绪不好，那应该先各自冷静一下，等自己的情绪处理好后再心平气和地解决；她不接受，认为当天的矛盾必须当天解决，解决的方案必须听她的，不然就觉得我不够爱她。我也是第一次谈恋爱，没什么经验。我也很迷茫，不知道该怎么办……"

亲密关系中难免会有矛盾与分歧，每个人的应对和处理方式也有所不同。透过外在表现来探寻背后的诉求，会发现有些人是想通过发脾气、责备、威胁，迫使伴侣认错和道歉，有些人是为了发泄负面情绪，有些人只是想让伴侣更关心自己，还有些人选择这种方式没有什么目的，只是不知道怎么采用合理、积极的方式来表达和发泄情绪。还有一种情况是，因为缺乏安全感，当我们怀疑和批评自己，不自信甚至自卑时，对自我和生活的掌控感如晨星隐没，我们就会在亲密关系中反复试探，希望获得承诺。亲密关系中的打压他人、情绪化等行为，恰恰映照出我们对自己的批评、敌意和不自信。幸运的是，自我关怀也可以用来改善亲密关系,它能让你更少苛责伴侣,有更多的包容和理解。

方法一:不要用力握手中沙。

我们很熟悉这样的对话:"你为什么不像以前那样对我好了,是不是不爱我了?""我这么难过,你连一句关心的话都没有!""你变了,果然日久见人心,没想到你是这样的人!"有时我们的这些想法和情绪是过度反应,甚至只是对未来的一种预防性演练,却实实在在影响了当下的亲密关系,使积极情感遭到破坏,很多事情变得失控。

在负面情绪升腾起来时,不要马上指责自己和伴侣,而应仔细想想,这种指责和不满情绪在多大程度上是源于对被伤害、被抛弃的恐惧(Neff,2011)。如果你体察到了这种恐惧("他对我冷淡了,一定是要离开我了"),要尝试理解隐藏在这些恐惧背后的心理需求,如得到关爱、支持和肯定等。我们要做的就是对创伤、恐惧及其背后的需求给予关怀:"我知道你怕被抛弃,怕重新回到孤立无援的境地,你想要被理解和肯定,这很正常,每个人都会害怕孤独煎熬,都想寻找依靠。"学会用自我关怀来处理自己的情绪,它会帮助你从指责、愤怒、恐惧和怀疑的泥沼中走出来。你可以问问自己:"我的伴侣知道我的想法吗?我用什么样的方式才能够让对方更清楚我的需求?"在探索这些问题后,试着以关怀而非对立的方式与伴侣沟通,说出自己的恐惧和需求,这能增进彼此的理解,帮助找寻良性的相处方式。

你最终会发现,曾经的伤口开始愈合,与伴侣的问题慢慢减少。就如以手握沙的比喻,"我不再那么害怕沙子从指尖溜走,所以渐渐放松了紧绷的手指和关节,奇特的是,沙子反而停止了逃跑,与我的双手紧紧相拥,不愿分离"。

方法二：我愿与你在篝火旁互相取暖。

在消极情绪袭来时，我们的注意力常常已经不关注对方说了什么，我们即刻想做的就是把委屈和不满倾泻出去。所以，最难的就是在冲突中保持清醒和理智，因为无理智的争吵于事无补，只会让双方相互指责，伤害彼此。

我们与伴侣争执，很多时候为的是让对方对自己多一些理解、接纳和爱，可有时会发展到彼此听不进去，互不认同，甚至相互攻击的地步。"我本想拉你坐下来，围在篝火旁说说话，可情绪与仇恨的烈焰腾起，将你我烧得只剩下一片灰烬。你可曾想过，那灰烬下本是我想和你相拥的一颗炽热的心。"请记得此时要接纳和关爱自己，熄灭炽烈的情绪之火，进入一种相对平和、理智的状态，这样更有助于解决问题。

在情绪激动的时候，你可以先按下暂停键，尝试脱离唇枪舌剑的氛围，然后对自己说："我现在感到很难受，也有些懊恼，为什么说出那样伤人的话？我本来不是那个意思，只是想让他多陪陪我，好好沟通。"当然，你也可以用其他话语安抚自己，只要是接纳的、理智的，有助于破开情绪的迷雾，看清自己真正需求的话，都可以说出来。平复情绪之后，你可以和伴侣回到原先"争执"的问题上，相信此刻使用"互动""沟通""讨论"这些词才更为合适——此时的状态不是对峙、敌意和歇斯底里，更多的是理性的讨论和反省。一生那么短，路人行色匆匆，我盼望就这样与你坐在篝火旁互相取暖。

最后的话：一起点亮宇宙中的黑暗

好了，自我关怀的探索之旅接近尾声。相信你通过不断的练习，渐渐掌握了如何应用自我关怀这种反转生活的力量。

一开始，你可能会感觉这些练习像武侠小说中的招式，初学时一板一眼，生怕动作不到位或者走形。当你掌握后，逐渐会形成自我关怀的思维方式，你不但能应对各种情况，而且可以自由发挥和组合，领悟新招式。

面对生活中多种多样的挫折、千变万化的情绪时，希望这本书能帮助你运用这些小技巧应对挑战与压力，也祝愿你能把自我关怀的思维方式变得像呼吸一样自然，然后由己及人，把关怀和温暖传递给他人。不要怀疑自己，即使无法成为太阳，星星也自有光亮，自利利他，自渡渡人。愿我们都做天上的繁星，在星辉呼应中，一起去点亮宇宙中的黑暗！

参考文献

Afifi, T. D., McManus, T., Hutchinson, S., & Baker, B. (2007). Inappropriate parental divorce disclosures, the factors that prompt them, and their impact on parents' and adolescents' well-being. *Communication Monographs, 74* (1), 78—102.

Agras, S., Hammer, L., & McNicholas, F. (1999). A prospective study of the influence of eating-disordered mothers on their children. *International Journal of Eating Disorders, 25* (3), 253—262.

Ainsworth, M. D. S., Blehar, M. C., Waters, E., & Wall, S. (1978). *Patterns of attachment: A psychological study of the strange situation.* Psychology Press.

Akın, A. (2010). Self-compassion and Loneliness. *Journal of Educational Sciences, 2* (3), 702—718.

Akın, U., & Akın, A. (2015). Examining the predictive role of self-compassion on sense of community in Turkish adolescents. *Social Indicators Research, 123* (1), 29—38.

Albertson, E. R., Neff, K. D., & Dill-Shackleford, K. E. (2015). Self-compassion and body dissatisfaction in women: A randomized controlled trial of a brief meditation intervention. *Mindfulness, 6,* 444—454.

Alizadeh, S., Khanahmadi, S., Vedadhir, A., & Barjasteh, S. (2018). The relationship between resilience with self-compassion, social support and sense of belonging in women with breast cancer. *Asian Pacific Journal of Cancer Prevention: APJCP, 19* (9), 2469.

Allen, A. B., & Leary, M. R. (2010). Self-Compassion, stress, and coping. *Social and Personality Psychology Compass*, *4* (2), 107—118.

American Psychiatric Association. (2013). *Diagnostic and statistical manual of mental disorders, 5th edition* (*DSM-5*). Arlington: American Psychiatric Publishing.

Ames, C., & Archer, J. (1988). Achievement goals in the classroom: Students' learning strategies and motivation processes. *Journal of Educational Psychology*, *80* (3), 260—267.

Anda, R. F., Felitti, V. J., Bremner, J. D., Walker, J. D., Whitfield, C. H., Perry, B. D., ... & Giles, W. H. (2006). The enduring effects of abuse and related adverse experiences in childhood. *European Archives of Psychiatry and Clinical Neuroscience*, *256* (3), 174—186.

Ang, R. P., & Huan, V. S. (2006). Academic expectations stress inventory (AESI): Development, factor analysis, reliability and validity. *Educational and Psychological Measurement*, *66* (3), 522—539.

Arch, J. J., Brown, K. W., Dean, D. J., Landy, L. N., Brown, K. D., & Laudenslager, M. L. (2014). Self-compassion training modulates alpha-amylase, heart rate variability, and subjective responses to social evaluative threat in women. *Psychoneuroendocrinology*, *42*, 49—58.

Arslan, C. (2016). Interpersonal problem solving, self-compassion and personality traits in university students. *Educational Research and Reviews*, *11* (7), 474—481.

Avalos, L. C., & Tylka, T. L. (2006). Exploring a model of intuitive eating with college women. *Journal of Counseling Psychology*, *53* (4), 486—497.

Babenko, O., Mosewich, A., Abraham, J., & Lai, H. (2018). Contributions of psychological needs, self-compassion, leisure-time exercise, and achievement goals to academic engagement and exhaustion of Canadian medical students. *Journal of Educational Evaluation for Health Professions*, *15* (2), 1—7.

Backovic, D. V., Zivojinovic, J. I., Maksimovic, J., & Maksimovic, M. (2012). Gender differences in academic stress and burnout among medical students in final years of education. *Psychiatria Danubina*, *24* (2), 175—181.

Baer, R. A. (2003). Mindfulness training as a clinical intervention: A conceptual and empirical review. *Clinical Psychology: Science and Practice, 10*(2), 125—143.

Baer, R. A., Smith, G. T., Hopkins, J., Krietemeyer, J., & Toney, L. (2006). Using self-report assessment methods to explore facets of mindfulness. *Assessment, 13*, 27—45.

Bakker, A. M., Cox, D. W., Hubley, A. M., & Owens, R. L. (2019). Emotion regulation as a mediator of self-compassion and depressive symptoms in recurrent depression. *Mindfulness, 10*(6), 1169—1180.

Baldwin, M. W. (ed.)(2005). *Interpersonal cognition.* New York: Guilford.

Banks, S. J., Eddy, K. T., Angstadt, M., Nathan, P. J., & Phan, K. L. (2007). Amygdala-frontal connectivity during emotion regulation. *Social Cognitive and Affective Neuroscience, 2*(4), 303—312.

Barajas-Gonzalez, R. G., & Brooks-Gunn, J. (2014). Income, neighborhood stressors, and harsh parenting: Test of moderation by ethnicity, age, and gender. *Journal of Family Psychology, 28*(6), 855—866.

Barber, B. K. (1996). Parental psychological control: Revisiting a neglected construct. *Child Development, 67*(6), 3296—3319.

Barczak, N., & Eklund, R. C. (2020). The moderating effect of self-compassion on relationships between performance and subsequent coping and motivation. *International Journal of Sport and Exercise Psychology, 18*(2), 256—268.

Barnard, L. K., & Curry, J. F. (2011). Self-compassion: Conceptualizations, correlates, & interventions. *Review of General Psychology, 15*(4), 289—303.

Barry, C. T., Loflin, D. C., & Doucette, H. (2015). Adolescent self-compassion: Associations with narcissism, self-esteem, aggression, and internalizing symptoms in at-risk males. *Personality and Individual Differences, 77*, 118—123.

Bartholomew, K., & Horowitz, L. M. (1991). Attachment styles among young adults: A test of a four-category model. *Journal of Personality and Social Psychology, 61*(2), 226—244.

Bartlett, M. Y., & DeSteno, D. (2006). Gratitude and prosocial behavior helping when it costs you. *Psychological Science, 17*(4), 319—325.

BarutçuYıldırım, F., & Demir, A. (2020). Self-handicapping among universitystudents: The role of procrastination, test anxiety, self-esteem, and self-compassion. *Psychological Reports, 123* (3), 825—843.

Bateson, M., Brilot, B., & Nettle, D. (2011). Anxiety: An evolutionary approach. *The Canadian Journal of Psychiatry, 56* (12), 707—715.

Baumeister, R. F., Campbell, J. D., Krueger, J. I., & Vohs, K. D. (2003). Does high self-esteem cause better performance, interpersonal success, happiness, or healthier lifestyles? *Psychological Science in the Public Interest, 4*, 1—44.

Baumeister, R. F., Heatherton, T. F., & Tice, D. M. (1993). When ego threats lead to self-regulation failure: negative consequences of high self-esteem. *Journal of Personality and Social Psychology, 64* (1), 141—156.

Bean, R. A., & Northrup, J. C. (2009). Parental psychological control, psychological autonomy, and acceptance as predictors of self-esteem in Latino adolescents. *Journal of Family Issues, 30*, 1486—1504.

Beck, A. R., Verticchio, H., Seeman, S., Milliken, E., & Schaab, H. (2017). A mindfulness practice for communication sciences and disorders undergraduate and speech-language pathology graduate students: Effects on stress, self-compassion, and perfectionism. *American Journal of Speech-Language Pathology, 26* (3), 893—907.

Beck, A. T. (2002). Cognitive models of depression. *Clinical Advances in Cognitive Psychotherapy: Theory and Application, 14* (1), 29—61.

Berg, K. C., Frazier, P., & Sherr, L. (2009). Change in eating disorder attitudes and behavior in college women: Prevalence and predictors. *Eating Behaviors, 10* (3), 137—142.

Birnie, K., Speca, M., & Carlson, L. E. (2010). Exploring self-compassion and empathy in the context of mindfulness-based stress reduction (MBSR). *Stress and Health, 26* (5), 359—371.

Bishop, S. R., Lau, M., Shapiro, S., Carlson, L., Anderson, N. D., Carmody, J., ... & Devins, G. (2004). Mindfulness: A proposed operational definition. *Clinical Psychology: Science and Practice, 11* (3), 230—241.

Bistricky, S. L., Gallagher, M. W., Roberts, C. M., Ferris, L., Gonzalez, A. J.,

& Wetterneck, C. T. (2017). Frequency of interpersonal trauma types, avoidant attachment, self-compassion, and interpersonal competence: A model of persisting posttraumatic symptoms. *Journal of Aggression, Maltreatment & Trauma, 26* (6), 608—625.

Blatt, S. J. (1974). Levels of object representation in anaclitic and introjective depression. *Psychoanalytic Study of the Child, 24*, 107—157.

Bleys, D., Soenens, B., Claes, S., Vliegen, N., & Luyten, P. (2018). Parental psychological control, adolescent self-criticism, and adolescent depressive symptoms: A latent change modeling approach in Belgian adolescents. *Journal of Clinical Psychology, 74* (10), 1833—1853.

Bloch, J. H. (2018). *Self-compassion, social connectedness, and interpersonal competence.* Graduate Student Theses, Dissertations, & Professional Papers.

Bluth, K., Campo, R. A., Futch, W. S., & Gaylord, S. A. (2017). Age and gender differences in the associations of self-compassion and emotional well-being in a large adolescent sample. *Journal of Youth and Adolescence, 46* (4), 840—853.

Bluth, K., Gaylord, S. A., Campo, R. A., Mullarkey, M. C., & Hobbs, L. (2016). Making friends with yourself: A mixed methods pilot study of a mindful self-compassion program for adolescents. *Mindfulness, 7* (2), 479—492.

Boellinghaus, I., Jones, F. W., & Hutton, J. (2014). The role of mindfulness and loving-kindness meditation in cultivating self-compassion and other-focused concern in health care professionals. *Mindfulness, 5* (2), 129—138.

Bögels, S. M., Lehtonen, A., & Restifo, K. (2010). Mindful parenting in mental health care. *Mindfulness, 1* (2), 107—120.

Bowlby, J. (1988). *A secure base.* Basic Books, New York: Basic Books.

Brach, T. (2003). *Radical acceptance: Embracing your life with the heart of a Buddha.* New York: Bantam.

Braun, T. D., Park, C. L., & Gorin, A. (2016). Self-compassion, body image, and disordered eating: A review of the literature. *Body Image, 17*, 117—131.

Breines, J. G. & Chen, S. (2012). Self-Compassion increases self-improvement motivation. *Personality and Social Psychology Bulletin, 38* (9), 1133—1143.

Brewin, C. R. (2006). Understanding cognitive behavior therapy: A retrieval competition account. *Behaviour Research and Therapy, 44*, 765—784.

Brockmeyer, T., Skunde, M., Wu, M., Bresslein, E., Rudofsky, G., Herzog, W., & Friederich, H. C. (2014). Difficulties in emotion regulation across the spectrum of eating disorders. *Comprehensive Psychiatry, 55* (3), 565—571.

Brown, K. W. & Ryan, R. M. (2003). The benefits of being present: Mindfulness and its role in psychological well-being. *Journal of Personality and Social Psychology, 84*, 822—848.

Brown, K. W., Ryan, R. M., & Creswell, J. D. (2007). Mindfulness: Theoretical foundations and evidence for its salutary effects. *Psychological Inquiry, 18* (4), 211—237.

Bruch, H. (1973). *Eating disorders*. New York: Basic Books.

Buhrmester, D., Furman, W., Wittenberg, M. T., & Reis, H. T. (1988). Five domains of interpersonal competence in peer relationships. *Journal of Personality and Social Psychology, 55* (6), 991—1008.

Calhoun, L. G., & Tedeschi, R. G. (Eds.). (1999). *Facilitating posttraumatic growth: A clinician's guide*. Routledge.

Campo, R. A., Bluth, K., Santacroce, S. J., Knapik, S., Tan, J., Gold, S., ... & Asher, G. N. (2017). A mindful self-compassion videoconference intervention for nationally recruited posttreatment young adult cancer survivors: Feasibility, acceptability, and psychosocial outcomes. *Supportive Care in Cancer, 25* (6), 1759—1768.

Cartwright, M. M. (2004). Eating disorder emergencies: Understanding the medical complexities of the hospitalized eating disordered patient. *Critical Care Nursing Clinics, 16* (4), 515—530.

Chambers, R., Gullone, E., & Allen, N. B. (2009). Mindful emotion regulation: An integrative review. *Clinical Psychology Review, 29* (6), 560—572.

Chang, L. J., Yarkoni, T., Khaw, M. W., & Sanfey, A. G. (2013). Decoding the role of the insula in human cognition: Functional parcellation and large-scale reverse inference. *Cerebral Cortex, 23* (3), 739—749.

参考文献

Chang, L., Schwartz, D., Dodge, K. A., & McBride-Chang, C. (2003). Harsh parenting in relation to child emotion regulation and aggression. *Journal of Family Psychology*, *17* (4), 598—606.

Child Trends Databank (2018). Parental expectations for their children's academic attainment. Retrieved from https://www.childtrends.org

Chishima, Y., Mizuno, M., Sugawara, D., & Miyagawa, Y. (2018). The influence of self-compassion on cognitive appraisals and coping with stressful events. *Mindfulness*, *9* (6), 1907—1915.

Chow, T. S., & Hui, C. M. (2021). How does trait self-compassion benefit self-control in daily life? An experience sampling study. *Mindfulness*, *12*, 162—169.

Chu, X. W., Fan, C. Y., Liu, Q. Q., & Zhou, Z. K. (2018). Cyberbullying victimization and symptoms of depression and anxiety among Chinese adolescents: Examining hopelessness as a mediator and self-compassion as a moderator. *Computers in Human Behavior*, *86*, 377—386.

Clarke, K. M., & Greenberg, L. S. (1986). Differential effects of the Gestalt two-chair intervention and problem solving in resolving decisional conflict. *Journal of Counseling Psychology*, *33* (1), 11—15.

Coghill, R. C., Sang, C. N., Maisog, J. M., & Iadarola, M. J. (1999). Pain intensity processing within the human brain: A bilateral, distributed mechanism. *Journal of Neurophysiology*, *82* (4), 1934—1943.

Cohen, D., & Strayer, J. (1996). Empathy in conduct-disordered and comparison youth. *Developmental Psychology*, *32* (6), 988.

Cook, E. C., Buehler, C., & Fletcher, A. C. (2012). A process model of parenting and adolescents' friendship competence. *Social Development*, *21* (3), 461—481.

Costa, P. T., & McCrae, R. R. (1985). *The NEO personality inventory*. Odessa, FL: Psychological Assessment Resources.

Cox, A. E., Ullrich-French, S., Tylka, T. L., & McMahon, A. K. (2019). The roles of self-compassion, body surveillance, and body appreciation in predicting intrinsic motivation for physical activity: Cross-sectional associations, and prospective changes within a yoga context. *Body Image*, *29*, 110—117.

Craig, A. D. (2003). Interoception: The sense of the physiological condition of the body. *Current Opinion in Neurobiology, 13* (4), 500—505.

Craig, A. D., & Craig, A. D. (2009). How do you feel—now? The anterior insula and human awareness. *Nature Reviews Neuroscience, 10* (1), 59—70.

Crocker, J., Luhtanen, R. K., Cooper, M. L., & Bouvrette, S. (2003). Contingencies of self-worth in college students: Theory and measurement. *Journal of Personality and Social Psychology, 85*, 894—908.

Crow, S. J., Swanson, S. A., Peterson, C. B., Crosby, R. D., Wonderlich, S. A., & Mitchell, J. E. (2012). Latent class analysis of eating disorders: Relationship to mortality. *Journal of Abnormal Psychology, 121*, 225—231.

Crowell, J. A., & Treboux, D. (1995). A review of adult attachment measures: Implications for theory and research. *Social Development, 4* (3), 294—327.

Cui, L., Morris, A. S., Criss, M. M., Houltberg, B. J., & Silk, J. S. (2014). Parental psychological control and adolescent adjustment: The role of adolescent emotion regulation. *Parenting, 14* (1), 47—67.

Cullen, F. T., Unnever, J. D., Wright, J. P., & Beaver, K. M. (2008). Parenting and self-control. *Out of Control: Assessing the General Theory of Crime, 1*, 61—74.

Cummings, C. M., Caporino, N. E., & Kendall, P. C. (2014). Comorbidity of anxiety and depression in children and adolescents: 20 years after. *Psychological Bulletin, 140* (3), 816—845.

D'Argembeau, A., Collette, F., Van der Linden, M., Laureys, S., Del Fiore, G., Degueldre, C., ... & Salmon, E. (2005). Self-referential reflective activity and its relationship with rest: A PET study. *Neuroimage, 25* (2), 616—624.

Deci, E. L., & Ryan, R. M. (1975). *Intrinsic motivation.* John Wiley & Sons, Inc.

Deci, E. L., & Ryan, R. M. (1985). The general causality orientations scale: Self-determination in personality. *Journal of Research in Personality, 19* (2), 109—134.

Deci, E. L., & Ryan, R. M. (2000). The "what" and "why" of goal pursuits: Human needs and the self-determination of behavior. *Psychological Inquiry, 11* (4),

227—268.

Deci, E. L., & Ryan, R. M. (2010). *Self-determination*. Wiley Online Library.

Devinsky, O., Morrell, M. J., & Vogt, B. A. (1995). Contributions of anterior cingulate cortex to behaviour. *Brain, 118* (1), 279—306.

Di Paula, A., & Campbell, J. D. (2002). Self-esteem and persistence in the face of failure. *Journal of Personality and Social Psychology, 83*, 711—724.

Diedrich, A., Grant, M., Hofmann, S. G., Hiller, W., & Berking, M. (2014). Self-compassion as an emotion regulation strategy in major depressive disorder. *Behaviour Research and Therapy, 58*, 43—51.

Diener, E. (1984). Subjective well-being. *Psychological Bulletin, 95*, 542—575.

Diener, E., Emmons, R. A., Larsen, R. J., & Griffin, S. (1985). The satisfaction with life scale. *Journal of Personality Assessment, 49*, 71—75.

Doerig, N., Schlumpf, Y., Spinelli, S., Späti, J., Brakowski, J., Quednow, B. B., ... & Grosse Holtforth, M. (2014). Neural representation and clinically relevant moderators of individualised self-criticism in healthy subjects. *Social Cognitive and Affective Neuroscience, 9* (9), 1333—1340.

Dominguez-Gomez, E., & Rutledge, D. N. (2009). Prevalence of secondary traumatic stress among emergency nurses. *Journal of Emergency Nursing, 35* (3), 199—204.

Duarte, C., Ferreira, C., Trindade, I. A., & Pinto-Gouveia, J. (2015). Body image and college women's quality of life: The importance of being self-compassionate. *Journal of Health Psychology, 20* (6), 754—764.

Dunkley, D. M., Blankstein, K. R., Halsall, J., Williams, M., & Winkworth, G. (2000). The relation between perfectionism and distress: Hassles, coping, and perceived social support as mediators and moderators. *Journal of Counseling Psychology, 47* (4), 437—453.

Dunn, J. R., & Schweitzer, M. E. (2005). Feeling and believing: The influence of emotion on trust. *Journal of Personality and Social Psychology, 88* (5), 736—748.

Dunning, D. (2002). *The relation of self to social perception*. In M. R. Leary & J. P.

Tangney (Eds.), *Handbook of self and identity* (pp. 421—441). New York, NY: Guilford Press.

DuongTran, Q., Lee, S., & Khoi, S. (1996). Ethnic and gender differences in parental expectations and life stress. *Child and Adolescent Social Work Journal, 13* (6), 515—526.

Dupasquier, J. R., Kelly, A. C., Waring, S. V., & Moscovitch, D. A. (2020). Self-compassionate college women report receiving more social support in the face of distress: Evidence from a daily diary study. *Personality and Individual Differences, 154*, 109680.

Eisenberg, N., Fabes, R. A., & Spinrad, T. L. (1998). *Prosocial development.* In P. Musser (Eds.), *Handbook of child psychology, Vol. 3: Social, emotional, and personality development.* New York: Wiley.

Emmons, R. A., & Crumpler, C. A. (2000). Gratitude as a human strength: Appraising the evidence. *Journal of Social and Clinical Psychology, 19* (1), 56—59.

Erikson, E. H., & Erikson, J. M. (1998). *The life cycle completed (extended version).* WW Norton & Company.

Fahimdanesh, F., Noferesti, A., & Tavakol, K. (2020). Self-compassion and forgiveness: Major predictors of marital satisfaction in young couples. *The American Journal of Family Therapy, 48* (3), 221—234.

Fairburn, C. G., Shafran, R., & Cooper, Z. (1999). A cognitive behavioural theory of anorexia nervosa. *Behaviour Research and Therapy, 37* (1), 1—13.

Farrington, D. P. (2005). Childhood origins of antisocial behavior. *Clinical Psychology & Psychotherapy: An International Journal of Theory & Practice, 12* (3), 177—190.

Fein, S., & Spencer, S. J. (1997). Prejudice as self-image maintenance: Affirming the self through derogating others. *Journal of Personality and Social Psychology, 73*, 31—44.

Feng, T., & Abebe, D. S. (2017). Eating behaviour disorders among adolescents in a middle school in Dongfanghong, China. *Journal of Eating Disorders, 5* (1), 47.

Ferguson, C. J., San Miguel, C., Garza, A., & Jerabeck, J. M. (2012). A longitudinal test of video game violence influences on dating and aggression: A 3-year longitudinal study of adolescents. *Journal of Psychiatric Research, 46* (2), 141—146.

Ferrari, M., Hunt, C., Harrysunker, A., Abbott, M. J., Beath, A. P., & Einstein, D. A. (2019). Self-compassion interventions and psychosocial outcomes: A meta-analysis of RCTs. *Mindfulness, 10* (8), 1455—1473.

Filippello, P., Sorrenti, L., Buzzai, C., & Costa, S. (2015). Perceived parental psychological control and learned helplessness: The role of school self-efficacy. *School Mental Health, 7*, 298—310.

Flavell, J. H. (1979). Metacognition and cognitive monitoring: A new area of cognitive-developmental inquiry. *American Psychologist, 34* (10), 906—911.

Forman, E. M., Butryn, M. L., Juarascio, A. S., Bradley, L. E., Lowe, M. R., Herbert, J. D., & Shaw, J. A. (2013). The mind your health project: A randomized controlled trial of an innovative behavioral treatment for obesity. *Obesity, 21* (6), 1119—1126.

Forman, E. M., Butryn, M. L., Manasse, S. M., & Bradley, L. E. (2015). Acceptance-based behavioral treatment for weight control: A review and future directions. *Current Opinion in Psychology, 2*, 87—90.

Fossati, P., Hevenor, S. J., Graham, S. J., Grady, C., Keightley, M. L., Craik, F., & Mayberg, H. (2003). In search of the emotional self: An fMRI study using positive and negative emotional words. *American Journal of Psychiatry, 160* (11), 1938—1945.

Frank, G., Plunkett, S. W., & Otten, M. P. (2010). Perceived parenting, self-esteem, and general self-efficacy of Iranian American adolescents. *Journal of Child and Family Studies, 19* (6), 738—746.

Friis, A. M., Johnson, M. H., Cutfield, R. G., & Consedine, N. S. (2016). Kindness matters: A randomized controlled trial of a mindful self-compassion intervention improves depression, distress, and HbA1c among patients with diabetes. *Diabetes Care, 39* (11), 1963—1971.

Froiland, J. M. (2011). Parental autonomy support and student learning goals: A preliminary examination of an intrinsic motivation intervention. *Child Youth Care Forum, 40*, 135—149.

Gagné, M. (2003). The role of autonomy support and autonomy orientation in prosocial behavior engagement. *Motivation and Emotion, 27* (3), 199—223.

Galla, B. M. (2016). Within-person changes in mindfulness and self-compassion predict enhanced emotional well-being in healthy, but stressed adolescents. *Journal of Adolescence, 49*, 204—217.

Garber, J., Robinson, N. S., & Valentiner, D. (1997). The relation between parenting and adolescent depression: Self-worth as a mediator. *Journal of Adolescent Research, 12* (1), 12—33.

Garland, E. L., Fredrickson, B., Kring, A. M., Johnson, D. P., Meyer, P. S., & Penn, D. L. (2010). Upward spirals of positive emotions counter downward spirals of negativity: Insights from the broaden-and-build theory and affective neuroscience on the treatment of emotion dysfunctions and deficits in psychopathology. *Clinical Psychology Review, 30* (7), 849—864.

Garland, E., Gaylord, S., & Park, J. (2009). The role of mindfulness in positive reappraisal. *Explore, 5* (1), 37—44.

Gasquoine, P. G. (2014). Contributions of the insula to cognition and emotion. *Neuropsychology Review, 24* (2), 77—87.

Germer, C. (2009). *The mindful path to self-compassion*. Guilford: New York.

Gilbert, P. (1997). The evolution of social attractiveness and its role in shame, humiliation, guilt and therapy. *British Journal of Medical Psychology, 70*, 113—147.

Gilbert, P. (1998). What is shame? Some core issues and controversies. In P. Gilbert, & B. Andrews (Eds), *Shame: Interpersonal behavior, psychopathology and culture* (pp. 3—36). New York: Oxford University Press.

Gilbert, P. (2000). Social mentalities: Internal "social" conflicts and the role of inner warmth and compassion in cognitive therapy. In P. Gilbert, & K. G. Bailey (Eds), *Genes on the couch: Explorations in evolutionary psychotherapy* (pp. 118—150). Hove: Brunner-Routledge.

参考文献

Gilbert, P., & Irons, C. (2005). Focused therapies and compassionate mind training for shame and self-attacking. In P. Gilbert (Ed.), *Compassion: Conceptualisations, research and use in psychotherapy* (pp. 263—325). London: Routledge.

Gilbert, P., & Procter, S. (2006). Compassionate mind training for people with high shame and self-criticism: Overview and pilot study of a group therapy approach. *Clinical Psychology & Psychotherapy, 13* (6), 353—379.

Goldin, P. R., & Gross, J. J. (2010). Effects of mindfulness-based stress reduction (MBSR) on emotion regulation in social anxiety disorder. *Emotion, 10* (1), 83—91.

Gondoli, D. M., Corning, A. F., Salafia, E. H. B., Bucchianeri, M. M., & Fitzsimmons, E. E. (2011). Heterosocial involvement, peer pressure for thinness, and body dissatisfaction among young adolescent girls. *Body Image, 8* (2), 143—148.

Goss, K. (2011). *The compassion mind approach to beating overeating: Using compassion focused therapy.* London: Constable.

Gottfredson, M. R., & Hirschi, T. (1990). *A general theory of crime.* Stanford University Press.

Gouveia, M. J., Carona, C., Canavarro, M. C., & Moreira, H. (2016). Self-compassion and dispositional mindfulness are associated with parenting styles and parenting stress: The mediating role of mindful parenting. *Mindfulness, 7* (3), 700—712.

Gray, M. R., & Steinberg, L. (1999). Unpacking authoritative parenting: Reassessing a multidimensional construct. *Journal of Marriage and the Family, 61* (3), 574—587.

Grieve, A. W. (2010). Phineas P Gage— "The man with the Iron bar". *Trauma, 12* (3), 171—174.

Gross, J. J. (1998). The emerging field of emotion regulation: An integrative review. *Review of general psychology, 2* (3), 271—299.

Gross, J. J., & John, O. P. (2003). Individual differences in two emotion regulation processes: Implications for affect, relationships, and well-being. *Journal of*

Personality and Social Psychology, 85（2）, 348—362.

Grucza, R. A., Przybeck, T. R., & Cloninger, C. R.（2007）. Prevalence and correlates of binge eating disorder in a community sample. *Comprehensive Psychiatry, 48*（2）, 124—131.

Guendelman, S., Medeiros, S., & Rampes, H.（2017）. Mindfulness and emotion regulation: Insights from neurobiological, psychological, and clinical studies. *Frontiers in Psychology, 8*, 220.

Gyurak, A., Gross, J. J., & Etkin, A.（2011）. Explicit and implicit emotion regulation: A dual-process framework. *Cognition and Emotion, 25*（3）, 400—412.

Haapasalo, J., & Pokela, E.（1999）. Child-rearing and child abuse antecedents of criminality. *Aggression and Violent Behavior, 4*（1）, 107—127.

Hallion, M., Taylor, A., Roberts, R., & Ashe, M.（2019）. Exploring the association between physical activity participation and self-compassion in middle-aged adults. *Sport, Exercise, and Performance Psychology, 8*（3）, 305—316.

Hamrick, L. A., & Owens, G. P.（2019）. Exploring the mediating role of self-blame and coping in the relationships between self-compassion and distress in females following the sexual assault. *Journal of Clinical Psychology, 75*（4）, 766—779.

Han, S., Mao, L., Gu, X., Zhu, Y., Ge, J., & Ma, Y.（2008）. Neural consequences of religious belief on self-referential processing. *Social Neuroscience, 3*（1）, 1—15.

Harris, R. A., Qualter, P., & Robinson, S. J.（2013）. Loneliness trajectories from middle childhood to pre-adolescence: Impact on perceived health and sleep disturbance. *Journal of Adolescence, 36*（6）, 1295—1304.

Harrison, A., Sullivan, S., Tchanturia, K., & Treasure, J.（2010）. Emotional functioning in eating disorders: Attentional bias, emotion recognition and emotion regulation. *Psychological Medicine, 40*（11）, 1887—1897.

Harter, S.（1999）. *The construction of the self: A developmental perspective.* New York: Guilford Press.

Haudek, C., Rorty, M., & Henker, B.（1999）. The role of ethnicity and parental bonding in the eating and weight concerns of Asian-American and Caucasian college

参考文献

women. *International Journal of Eating Disorders, 25* (4), 425—433.

Haworth-Hoeppner, S. (2000). The critical shapes of body image: The role of culture and family in the production of eating disorders. *Journal of Marriage and Family, 62* (1), 212—227.

Hawthorne, G. (2008). Perceived social isolation in a community sample: Its prevalence and correlates with aspects of peoples' lives. *Social Psychiatry and Psychiatric Epidemiology, 43* (2), 140—150.

Hayes, S. C., Wilson, K. G., Gifford, E. V., Follette, V. M., & Strosahl, K. (1996). Experiential avoidance and behavioral disorders: A functional dimensional approach to diagnosis and treatment. *Journal of Consulting and Clinical Psychology, 64* (6), 1152—1168.

Heffernan, M., Quinn Griffin, M. T., McNulty, S. R., & Fitzpatrick, J. J. (2010). Self-compassion and emotional intelligence in nurses. *International Journal of Nursing Practice, 16* (4), 366—373.

Heine, S. J. (2001). Self as cultural product: An examination of East Asian and North American selves. *Journal of Personality, 69* (6), 881—905.

Heppner, W. L., Kernis, M. H., Nezlek, J. B., Foster, J., Lakey, C. E., & Goldman, B. M. (2008). Within-person relationships among daily self-esteem, need satisfaction, and authenticity. *Psychological Science, 19* (11), 1140—1145.

Herrenkohl, T. I., Klika, J. B., Herrenkohl, R. C., Russo, M. J., & Dee, T. (2012). A prospective investigation of the relationship between child maltreatment and indicators of adult psychological well-being. *Violence and Victims, 27* (5), 764—776.

Hewitt, P. L., & Flett, G. L. (1991). Dimensions of perfectionism in unipolar depression. *Journal of Abnormal Psychology, 100* (1), 98—101.

Hilbert, A., Braehler, E., Schmidt, R., Löwe, B., Häuser, W., & Zenger, M. (2015). Self-compassion as a resource in the self-stigma process of overweight and obese individuals. *Obesity Facts, 8* (5), 293—301.

Hill, A. J., & Franklin, J. A. (1998). Mothers, daughters and dieting: Investigating the transmission of weight control. *British Journal of Clinical Psychology*, *37*(1), 3—13.

Hirschi, T., & Gottfredson, M. R. (1995). Control theory and the life-course perspective. *Studies on Crime & Crime Prevention*, *4*(2), 131—142.

Hofmann, S. G., Grossman, P., & Hinton, D. E. (2011). Loving-kindness and compassion meditation: Potential for psychological interventions. *Clinical Psychology Review*, *31*(7), 1126—1132.

Holzman, J. B., & Bridgett, D. J. (2017). Heart rate variability indices as biomarkers of top-down self-regulatory mechanisms: A meta-analytic review. *Neuroscience & Biobehavioral Reviews*, *74*, 233—255.

Homan, K. J., & Tylka, T. L. (2015). Self-compassion moderates body comparison and appearance self-worth's inverse relationships with body appreciation. *Body Image*, *15*, 1—7.

Huang, Y., Wang, Y., Wang, H., Liu, Z., Yu, X., Yan, J., ... & Wang, Z. (2019). Prevalence of mental disorders in China: A cross-sectional epidemiological study. *The Lancet Psychiatry*, *6*(3), 211—224.

Hutcherson, C. A., Seppala, E. M., & Gross, J. J.. (2008). Loving-kindness meditation increases social connectedness. *Emotion*, *8*(5), 720—724.

Jacobson, E. H. K., Wilson, K. G., Kurz, A. S., & Kellum, K. K. (2018). Examining self-compassion in romantic relationships. *Journal of Contextual Behavioral Science*, *8*, 69—73.

Jacobson, N. C., Lord, K. A., & Newman, M. G. (2017). Perceived emotional social support in bereaved spouses mediates the relationship between anxiety and depression. *Journal of Affective Disorders*, *211*, 83—91.

James, W. (1983). *The principles of psychology*. Cambridge, MA: Harvard University Press. (Original work published 1890)

Jaycox, L. H., Stein, B. D., Paddock, S., Miles, J. V., Chandra, A., Meredith, L. S., et al. (2009). Impact of teen depression on academic, social, and physical functioning. *Pediatrics*, *124*(4), e596—e605.

Johnston, L. D., O'Malley, P. M., Bachman, J. G., & Schulenberg, J. E. (2011).

参考文献

Monitoring the Future National Survey Results on Drug Use, 1975—2010. Volume I, Secondary School Students. Institute for Social Research.

Jones, T. M. (1991). Ethical decision making by individuals in organizations: An issue-contingent model. *Academy of Management Review, 16* (2), 366—395.

Kabat-Zinn, J. (1982). An outpatient program in behavioral medicine for chronic pain patients based on the practice of mindfulness meditation: Theoretical considerations and preliminary results. *General Hospital Psychiatry, 4*, 33—42.

Kashdan, T. B., Biswas-Diener, R., & King, L. A. (2008). Reconsidering happiness: The costs of distinguishing between hedonics and eudaimonia. *Journal of Positive Psychology, 3*, 219—233.

Kato, T. (2016). Effects of partner forgiveness on romantic break-ups in dating relationships: A longitudinal study. *Personality and Individual Differences, 95*, 185—189.

Keery, H., Van den Berg, P., & Thompson, J. K. (2004). An evaluation of the Tripartite Influence Model of body dissatisfaction and eating disturbance with adolescent girls. *Body Image, 1* (3), 237—251.

Kelly, A. C., Vimalakanthan, K., & Carter, J. C. (2014). Understanding the roles of self-esteem, self-compassion, and fear of self-compassion in eating disorder pathology: An examination of female students and eating disorder patients. *Eating Behaviors, 15* (3), 388—391.

Kelly, A. C., Zuroff, D. C., Foa, C. L., & Gilbert, P. (2010). Who benefits from training in self-compassionate self-regulation? A study of smoking reduction. *Journal of Social and Clinical Psychology, 29* (7), 727—755.

Keng, S. L., Smoski, M. J., & Robins, C. J. (2011). Effects of mindfulness on psychological health: A review of empirical studies. *Clinical Psychology Review, 31*, 1041—1056.

Kernis, M. (2005). Measuring self-esteem in context: The importance of stabilityof self-esteem in psychological functioning. *Journal of Personality, 73*, 1—37.

Kessler, R. C., Avenevoli, S., & Merikangas, R. K. (2001). Mood disorders in children and adolescents: An epidemiologic perspective. *Biological Psychiatry, 49*

(12), 1002—1014.

Keyes, C., & Annas, J. (2009). Feeling good and functioning well: Distinctive concepts in ancient philosophy and contemporary science. *Journal of Positive Psychology, 4* (3), 197—201.

Klimecki, O. M., Leiberg, S., Lamm, C., & Singer, T. (2013). Functional neural plasticity and associated changes in positive affect after compassion training. *Cerebral Cortex, 23* (7), 1552—1561.

Kong, X., Cui, L., Li, J., & Yang, Y. (under review). *Friendship conflict and adolescent's depression, anxiety and stress: The protective role of self-compassion.*

Kotera, Y., & Ting, S. H. (2019). Positive psychology of Malaysian university students: Impacts of engagement, motivation, self-compassion, and well-being on mental health. *International Journal of Mental Health and Addiction, 19*, 227—239.

Kotera, Y., Conway, E., & Van Gordon, W. (2019). Mental health of UK university business students: Relationship with shame, motivation and self-compassion. *Journal of Education for Business,* 11—20.

Koyama, T., McHaffie, J. G., Laurienti, P. J., & Coghill, R. C. (2005). The subjective experience of pain: Where expectations become reality. *Proceedings of the National Academy of Sciences, 102* (36), 12950—12955.

Krieger, T., Altenstein, D., Baettig, I., Doerig, N., & Holtforth, M. G. (2013). Self-compassion in depression: Associations with depressive symptoms, rumination, and avoidance in depressed outpatients. *Behavior Therapy, 44* (3), 501—513.

Kristeller, J. L., & Wolever, R. Q. (2011). Mindfulness-based eating awareness training for treating binge eating disorder: The conceptual foundation. *Eating Disorders, 19* (1), 49—61.

Kwak, D. H., & Kwon, Y. (2016). Can an organization's philanthropic donations encourage consumers to give? The roles of gratitude and boundary conditions. *Journal of Consumer Behaviour, 15* (4), 348—358.

参考文献

Kyeong, L. W. (2013). Self-compassion as a moderator of the relationship between academic burn-out and psychological health in Korean cyber university students. *Personality and Individual Differences, 54* (8), 899—902.

Lafrance Robinson, A., Kosmerly, S., Mansfield-Green, S., & Lafrance, G. (2014). Disordered eating behaviours in an undergraduate sample: Associations among gender, body mass index, and difficulties in emotion regulation. *Canadian Journal of Behavioural Science/Revue Canadienne des Sciences du Comportement, 46* (3), 320—326.

Landry, R., Whipple, N., Mageau, G., Joussemet, M., Koestner, R., DiDio, L., ... & Haga, S. M. (2008). Trust in organismic development, autonomy support, and adaptation among mothers and their children. *Motivation and Emotion, 32* (3), 173—188.

Larsen, R. J., & Eid, M. (2008). Ed Diener and the science of SWB. In M. Eid & R. J. Larsen (Eds.), *The science of subjective well-being* (pp.1—16). New York: Guilford Press.

Le Grange, D., Lock, J., Loeb, K., & Nicholls, D. (2010). Academy for eating disorders position paper: The role of the family in eating disorders. *International Journal of Eating Disorders, 43* (1), 1—5.

Leahy, R. L. (2002). A model of emotional schemas. *Cognitive and Behavioral Practice, 9,* 177—190.

Leahy, R. L. (2005). *A social-cognitive model of validation.* In P. Gilbert (Ed.), *Compassion: Conceptualisations, research and use in psychotherapy.* (pp. 195—217). London: Brunner-Routledge.

Leary, M. R., Tate, E. B., Adams, C. E., Batts Allen, A., & Hancock, J. (2007). Self-compassion and reactions to unpleasant self-relevant events: The implications of treating oneself kindly. *Journal of Personality and Social Psychology, 92* (5), 887—904.

Lee, K. S., & Vaillancourt, T. (2018). Developmental pathways between peer victimization, psychological functioning, disordered eating behavior, and body mass index: A review and theoretical model. *Aggression and Violent Behavior, 39,*

15—24.

Lee, R. M., & Robbins, S. B. (1995). Measuring belongingness: The social connectedness and the social assurance scales. *Journal of Counseling Psychology*, *42*(2), 232—241.

Lekes, N., Gingras, I., Philippe, F. L., Koestner, R., & Fang, J. (2010). Parental autonomy-support, intrinsic life goals, and well-being among adolescents in China and North America. *Journal of Youth and Adolescence*, *39*(8), 858—869.

Lewis, M. (1992). *Shame: The exposed self.* New York: Free Press.

Lewis, M. (2003). The role of the self in shame. *Social Research*, *70*, 1181—1204.

Li, H., Lin, C., Bray, M. A., & Kehle, T. J. (2005). The measurement of stressful events in Chinese college students. *Psychology in the Schools*, *42*(3), 315—323.

Liew, J., Kwok, O., Chang, Y. P., Chang, B. W., & Yeh, Y. C. (2014). Parental autonomy support predicts academic achievement through emotion-related self-regulation and adaptive skills in Chinese American adolescents. *Asian American Journal of Psychology*, *5*(3), 214—222.

Lillis, J., Hayes, S. C., Bunting, K., & Masuda, A. (2009). Teaching acceptance and mindfulness to improve the lives of the obese: A preliminary test of a theoretical model. *Annals of Behavioral Medicine*, *37*, 58—69.

Linardon, J., Kothe, E. J., & Fuller-Tyszkiewicz, M. (2019). Efficacy of psychotherapy for bulimia nervosa and binge-eating disorder on self-esteem improvement: Meta-analysis. *European Eating Disorders Review*, *27*(2), 109—123.

Lindsay, E. K., & Creswell, J. D. (2014). Helping the self help others: Self-affirmation increases self-compassion and pro-social behaviors. *Frontiers in Psychology*, *5*, 421.

Liu, H., Shi, Y., Auden, E., & Rozelle, S. (2018). Anxiety in rural Chinese children and adolescents: Comparisons across provinces and among subgroups. *International Journal of Environmental Research and Public Health*, *15*(10), 2087.

Liu, X., Yang, Y., Wu, H., Kong, X., & Cui, L. (2020). The roles of fear of negative evaluation and social anxiety in the relationship between self-compassion and loneliness: A serial mediation model. *Current Psychology*, 1—9.

Long, P., & Neff, K. D. (2018). Self-compassion is associated with reduced self-presentation concerns and increased student communication behavior. *Learning and Individual Differences, 67*, 223—231.

Longe, O., Maratos, F. A., Gilbert, P., Evans, G., Volker, F., Rockliff, H., & Rippon, G. (2010). Having a word with yourself: Neural correlates of self-criticism and self-reassurance. *Neuroimage, 49*(2), 1849—1856.

López, A., Sanderman, R., & Schroevers, M. J. (2018). A close examination of the relationship between self-compassion and depressive symptoms. *Mindfulness, 9*(5), 1470—1478.

López, A., Sanderman, R., Ranchor, A. V., & Schroevers, M. J. (2018). Compassion for others and self-compassion: Levels, correlates, and relationship with psychological well-being. *Mindfulness, 9*(1), 325—331.

Low, A. Y. T., Lo, T. W. & Cheng, C. H. K. (2020). Family dynamic and antisocial adolescents in Macau. *Child Youth Care Forum, 49*, 941—952.

Luberto, C. M., Shinday, N., Song, R., Philpotts, L. L., Park, E. R., Fricchione, G. L., & Yeh, G. Y. (2018). A systematic review and meta-analysis of the effects of meditation on empathy, compassion, and prosocial behaviors. *Mindfulness, 9*(3), 708—724.

Lunner, K., Werthem, E. H., Thompson, J. K., Paxton, S. J., McDonald, F., & Halvaarson, K. S. (2000). A cross-cultural examination of weight-related teasing, body image, and eating disturbance in Swedish and Australian samples. *International Journal of Eating Disorders, 28*(4), 430—435.

Luo, X., Qiao, L., & Che, X. (2018). Self-compassion modulates heart rate variability and negative affect to experimentally induced stress. *Mindfulness, 9*(5), 1522—1528.

Luria, A. R. (1966). *Higher cortical functions in man*. New York: Basic Books.

Lutz, A., Dunne, J. D., & Davidson, R. J. (2007). Meditation and the neuroscience of consciousness: An introduction. In P. D. Zelazo, M. Moscovitch, & E. Thompson (Eds.), *The Cambridge handbook of consciousness* (pp. 499—551). Cambridge University Press.

Lutz, J., Berry, M. P., Napadow, V., Germer, C., Pollak, S., Gardiner, P., ... & Schuman-Olivier, Z. (2020). Neural activations during self-related processing in patients with chronic pain and effects of a brief self-compassion training—a pilot study. *Psychiatry Research: Neuroimaging, 304*, 111—155.

Lynch, T. R., Chapman, A. L., Rosenthal, M. Z., Kuo, J. R., & Linehan, M. (2006). Mechanisms of change in dialectical behaviour therapy: Theoretical and empirical observations. *Journal of Clinical Psychology, 62*, 459—480.

Ma, L. K., Tunney, R. J., & Ferguson, E. (2017). Does gratitude enhance prosociality? A meta-analytic review. *Psychological Bulletin, 143* (6), 601—635.

MacBeth, A., & Gumley, A. (2012). Exploring compassion: A meta-analysis of the association between self-compassion and psychopathology. *Clinical Psychology Review, 32* (6), 545—552.

Macrae, C. N., Moran, J. M., Heatherton, T. F., Banfield, J. F., & Kelley, W. M. (2004). Medial prefrontal activity predicts memory for self. *Cerebral Cortex, 14* (6), 647—654.

Magnus, C. M., Kowalski, K. C., & Mchugh, T. L. F. (2010). The role of self-compassion in women's self-determined motives to exercise and exercise-related outcomes. *Self and Identity, 9* (4), 363—382.

Maraldo, T. M., Zhou, W., Dowling, J., & Vander Wal, J. S. (2016). Replication and extension of the dual pathway model of disordered eating: The role of fear of negative evaluation, suggestibility, rumination, and self-compassion. *Eating Behaviors, 23*, 187—194.

Markus, H. R., & Kitayama, S. (1991). Culture and the self: Implications for cognition, emotion, and motivation. *Psychological Review, 98* (2), 224—253.

Marsh, I., Chan, S., & Macbeth, A. (2017). Self-compassion and psychological distress in adolescents—a meta-analysis. *Mindfulness, 9* (4), 1011—1027.

Marshall, S. L., Ciarrochi, J., Parker, P. D., & Sahdra, B. K. (2020). Is self-compassion selfish? The development of self-compassion, empathy, and prosocial behavior in adolescence. *Journal of Research on Adolescence*, *30*, 472—484.

Martin, M. M., Staggers, S. M., & Anderson, C. M. (2011). The relationships between cognitive flexibility with dogmatism, intellectual flexibility, preference for consistency, and self-compassion. *Communication Research Reports*, *28* (3), 275—280.

Marx, B. P., & Sloan, D. M. (2005). Peritraumatic dissociation and experiential avoidance as predictors of posttraumatic stress symptomatology. *Behaviour Research and Therapy*, *43* (5), 569—583.

Maslow, A. (1954). *Motivation and personality*. New York: Harper.

Massé, R., Poulin, C., Dassa, C., Lambert, J., Bélair, S., & Battaglini, A. (1998). The structure of mental health: Higher-order confirmatory factor analyses of psychological distress and well-being measures. *Social Indicators Research*, *45* (1—3), 475—504.

McCormick, W. H., Turner, L. A., & Foster, J. D. (2015). A model of perceived parenting, authenticity, contingent self-worth and internalized aggression among college students. *Personality and Individual Differences*, *86*, 504—508.

McCullough, M. E. (2000). Forgiveness as human strength: Theory, measurement, and links to well-being. *Journal of Social and Clinical Psychology*, *19* (1), 43—55.

McCullough, M. E., Emmons, R. A., & Tsang, J. A. (2002). The grateful disposition: A conceptual and empirical topography. *Journal of Personality and Social Psychology*, *82* (1), 112.

McCullough, M. E., Kilpatrick, S. D., Emmons, R. A., & Larson, D. B. (2001). Is gratitude a moral affect? *Psychological Bulletin*, *127* (2), 249—266.

Mehr, K. E., & Adams, A. C. (2016). Self-compassion as a mediator of maladaptive perfectionism and depressive symptoms in college students. *Journal of College Student Psychotherapy*, *30* (2), 132—145.

Merikangas, K. R., He, J. P., Burstein, M., Swanson, S. A., Avenevoli, S., Cui, L., ... & Swendsen, J. (2010). Lifetime prevalence of mental disorders in US adolescents: Results from the National Comorbidity Survey Replication—Adolescent

Supplement (NCS-A). *Journal of the American Academy of Child & Adolescent Psychiatry, 49* (10), 980—989.

Moffitt, R. L., Neumann, D. L., & Williamson, S. P. (2018). Comparing the efficacy of a brief self-esteem and self-compassion intervention for state body dissatisfaction and self-improvement motivation. *Body Image, 27*, 67—76.

Moller, A. C., Friedman, R., & Deci, E. L. (2006). A self-determination theory perspective on the interpersonal and intrapersonal aspects of self-esteem. In M. H. Kernis, *Self-esteem issues and answers: A sourcebook of current perspectives* (pp. 201—208). New York: Psychology Press.

Moreira, H., Gouveia, M. J., & Canavarro, M. C. (2018). Is mindful parenting associated with adolescents' well-being in early and middle/late adolescence? The mediating role of adolescents' attachment representations, self-compassion and mindfulness. *Journal of Youth and Adolescence, 47* (8), 1771—1788.

Morel, A., Gallay, M. N., Baechler, A., Wyss, M., & Gallay, D. S. (2013). The human insula: Architectonic organization and postmortem MRI registration. *Neuroscience, 236*, 117—135.

Morley, R. H. (2018). The impact of mindfulness meditation and self-compassion on criminal impulsivity in a prisoner sample. *Journal of Police and Criminal Psychology, 33* (2), 118—122.

Morley, R. M., Terranova, V. A., Cunningham, S. N., & Kraft, G. (2016). Self-compassion and predictors of criminality. *Journal of Aggression, Maltreatment & Trauma, 25* (5), 503—517.

Mortier, P., Cuijpers, P., Kiekens, G., Auerbach, R., Demyttenaere, K., Green, J., ... Bruffaerts, R. (2018). The prevalence of suicidal thoughts and behaviours among college students: A meta-analysis. *Psychological Medicine, 48* (4), 554—565.

Mosewich, A. D., Kowalski, K. C., Sabiston, C. M., Sedgwick, W. A., & Tracy, J. L. (2011). Self-compassion: A potential resource for young women athletes. *Journal of Sport and Exercise Psychology, 33* (1), 103—123.

Murray, R. J., Schaer, M., & Debbané, M. (2012). Degrees of separation: A quantitative neuroimaging meta-analysis investigating self-specificity and shared neural activation between self-and other-reflection. *Neuroscience & Biobehavioral Reviews*, *36* (3), 1043—1059.

Nanda, M. M., Kotchick, B. A., & Grover, R. L. (2012). Parental psychological control and childhood anxiety: The mediating role of perceived lack of control. *Journal of Child and Family Studies*, *21* (4), 637—645.

Neff, K. D. (2003a). Self-compassion: An alternative conceptualization of a healthy attitude toward oneself. *Self and Identity*, *2* (2), 85—101.

Neff, K. D. (2003b). The development and validation of a scale to measure self-compassion. *Self and Identity*, *2* (3), 223—250.

Neff, K. D. (2009). *Exercises to increase self-compassion.* Retrieved from http://www.self-compassion.org/

Neff, K. D. (2011). *Self-compassion: Stop beating yourself up and leave insecurities Behind.* Harper Collins.

Neff, K. D., & Beretvas, S. N. (2013). The role of self-compassion in romantic relationships. *Self and Identity*, *12* (1), 78—98.

Neff, K. D., & Germer, C. K. (2013). A pilot study and randomized controlled trial of the mindful self-compassion program. *Journal of Clinical Psychology*, *69* (1), 28—44.

Neff, K. D., & McGehee, P. (2010). Self-compassion and psychological resilience among adolescents and young adults. *Self and Identity*, *9* (3), 225—240.

Neff, K. D., & Pommier, E. (2013). The relationship between self-compassion and other-focused concern among college undergraduates, community adults, and practicing meditators. *Self and Identity*, *12* (2), 160—176.

Neff, K. D., & Seppälä, E. (2016). Compassion, well-being, and the hypo-egoic self. In *The Oxford handbook of hypo-egoic phenomena.* Oxford University Press.

Neff, K. D., & Vonk, R. (2009). Self-compassion versus global self-esteem: Two different ways of relating to oneself. *Journal of Personality*, *77* (1), 23—50.

Neff, K. D., Hsieh, Y. P., & Dejitterat, K. (2005). Self-compassion, achievement goals, and coping with academic failure. *Self and Identity*, *4* (3), 263—287.

Neff, K. D., Kirkpatrick, K. L., & Rude, S. S. (2007). Self-compassion and adaptive psychological functioning. *Journal of Research in Personality, 41* (1), 139—154.

Neff, K. D., Knox, M. C., Long, P., & Gregory, K. (2020). Caring for others without losing yourself: An adaptation of the Mindful Self-Compassion Program for Healthcare Communities. *Journal of Clinical Psychology, 76* (9), 1543—1562.

Neff, K. D., Rude, S. S., & Kirkpatrick, K. L. (2007). An examination of self-compassion in relation to positive psychological functioning and personality traits. *Journal of Research in Personality, 41*, 908—916.

Neff, K. D., Tóth-Király, I., Knox, M. C., Kuchar, A., & Davidson, O. (2021). The development and validation of the state self-compassion scale (long-and short form). *Mindfulness, 12* (1), 121—140.

Nelson, D. A., & Crick, N. R. (2002). Parental psychological control: Implications for childhood physical and relational aggression. In *Intrusive parenting: How psychological control affects children and adolescents.* (pp. 161—189). American Psychological Association.

Nesse, R. M. (2000). Is depression an adaptation? *Archives of general psychiatry, 57* (1), 14—20.

Neumark-Sztainer, D., Wall, M., Larson, N. I., Eisenberg, M. E., & Loth, K. (2011). Dieting and disordered eating behaviors from adolescence to young adulthood: Findings from a 10-year longitudinal study. *Journal of the American Dietetic Association, 111* (7), 1004—1011.

Newcomb, M. D., & McGEE, L. I. N. D. A. (1989). Adolescent alcohol use and other delinquent behaviors: A one-year longitudinal analysis controlling for sensation seeking. *Criminal Justice and Behavior, 16* (3), 345—369.

Niemeier, H. M., Leahey, T., Reed, K. P., Brown, R. A., & Wing, R. R. (2012). An acceptance-based behavioral intervention for weight loss: A pilot study. *Behavior Therapy, 43* (2), 427—435.

Nieuwenhuys, R. (2012). The insular cortex: A review. In *Progress in brain research* (Vol. 195, pp. 123—163). Elsevier.

Nolen-Hoeksema, S. (1991). Responses to depression and their effects on the duration of depressive episodes. *Journal of Abnormal Psychology, 100* (4), 569—582.

Northoff, G., & Bermpohl, F. (2004). Cortical midline structures and the self. *Trends in Cognitive Sciences, 8* (3), 102—107.

Northoff, G., Heinzel, A., De Greck, M., Bermpohl, F., Dobrowolny, H., & Panksepp, J. (2006). Self-referential processing in our brain—a meta-analysis of imaging studies on the self. *Neuroimage, 31* (1), 440—457.

O'Connell, B. H., O'Shea, D., & Gallagher, S. (2018). Examining psychosocial pathways underlying gratitude interventions: A randomized controlled trial. *Journal of Happiness Studies, 19* (8), 2421—2444.

Ochsner, K. N., Bunge, S. A., Gross, J. J., & Gabrieli, J. D. (2002). Rethinking feelings: An fMRI study of the cognitive regulation of emotion. *Journal of Cognitive Neuroscience, 14* (8), 1215—1229.

Ogden, J., & Steward, J. (2000). The role of the mother-daughter relationship in explaining weight concern. *International Journal of Eating Disorders, 28* (1), 78—83.

Ortony, A., Clore, G. L., & Collins, A. (1988). *The cognitive structure of emotions.* Cambridge: Cambridge University Press.

Oyserman, D., Coon, H. M., & Kemmelmeier, M. (2002). Rethinking individualism and collectivism: Evaluation of theoretical assumptions and meta-analyses. *Psychological Bulletin, 128* (1), 3—72.

Park, J. J., Long, P., Choe, N. H., & Schallert, D. L. (2018). The contribution of self-compassion and compassion to others to students' emotions and project commitment when experiencing conflict in group projects. *International Journal of Educational Research, 88*, 20—30.

Parks, A. C., & Titova, L. (2016). Positive psychology interventions: An overview. In A. Woods, & J. Johnson (Eds.), *The Wiley handbook of positive clinical psychology: An integrative approach to studying and improving well-being.* Hoboken, NJ: John Wiley & Sons.

Pennant, M. E., Loucas, C. E., Whittington, C., Creswell, C., Fonagy, P., Fuggle, P., ... & Group, E. A. (2015). Computerised therapies for anxiety and depression in children and young people: A systematic review and meta-analysis. *Behaviour Research and Therapy, 67*, 1—18.

Pennesi, J. L., & Wade, T. D. (2016). A systematic review of the existing models of disordered eating: Do they inform the development of effective interventions? *Clinical Psychology Review, 43*, 175—192.

Peterson, C. (2006). *A primer in positive psychology.* Oxford university press.

Petrovic, P., & Ingvar, M. (2002). Imaging cognitive modulation of pain processing. *Pain, 95* (1), 1—5.

Phillips, W. J., & Ferguson, S. J. (2013). Self-compassion: A resource for positive aging. *Journals of Gerontology Series B: Psychological Sciences and Social Sciences, 68* (4), 529—539.

Pinto-Gouveia, J., Ferreira, C., & Duarte, C. (2014). Thinness in the pursuit for social safeness: An integrative model of social rank mentality to explain eating psychopathology. *Clinical Psychology & Psychotherapy, 21* (2), 154—165.

Pisitsungkagarn, K., Taephant, N., & Attasaranya, P. (2014). Body image satisfaction and self-esteem in Thai female adolescents: The moderating role of self-compassion. *International Journal of Adolescent Medicine and Health, 26* (3), 333—338.

Polivy, J., & Herman, C. P. (2002). Causes of eating disorders. *Annual Review of Psychology, 53* (1), 187—213.

Poots, A., & Cassidy, T. (2020). Academic expectation, self-compassion, psychological capital, social support and student wellbeing. *International Journal of Educational Research, 99*, 101506.

Pratscher, S. D., Rose, A. J., Markovitz, L., & Bettencourt, A. (2018). Interpersonal mindfulness: Investigating mindfulness in interpersonal interactions, co-rumination, and friendship quality. *Mindfulness, 9* (4), 1206—1215.

Putnick, D. L., Bornstein, M. H., Hendricks, C., Painter, K. M., Suwalsky, J. T., & Collins, W. A. (2008). Parenting stress, perceived parenting behaviors, and adolescent self-concept in European American families. *Journal of Family Psychology, 22* (5), 752—762.

Qi, W., & Cui, L. (2019). Eat to avoid negative self-awareness: Locus of control and core self-evaluation as serial mediators in the effect of stress on food intake. *Appetite, 143*, 104401.

Rabon, J. K., Hirsch, J. K., Kaniuka, A. R., Sirois, F., Brooks, B. D., & Neff, K. D. (2019). Self-compassion and suicide risk in veterans: When the going gets tough, do the tough benefit more from self-compassion? *Mindfulness, 10* (12), 2544—2554.

Raffi, A. R., Rondini, M., Grandi, S., & Fava, G. A. (2000). Life events and prodromal symptoms in bulimia nervosa. *Psychological Medicine, 30* (3), 727—731.

Rezapour-Mirsaleh, Y., Shafizadeh, R., Shomali, M., & Sedaghat, R. (2021). Effectiveness of Self-Compassion Intervention on Criminal Thinking in Male Prisoners. *International Journal of Offender Therapy and Comparative Criminology, 65* (1), 100—116.

Roberts, R. K., Roberts, C. R., & Chen, Y. R. (1998). Suicidal thinking among adolescents with a history of attempted suicide. *Journal of the American Academy of Child & Adolescent Psychiatry, 37* (12), 1294—1300.

Rolls, E. T., & Grabenhorst, F. (2008). The orbitofrontal cortex and beyond: From affect to decision-making. *Progress in Neurobiology, 86*, 216—244.

Rorty, M., Yager, J., Rossotto, E., & Buckwalter, G. (2000). Parental intrusiveness in adolescence recalled by women with a history of bulimia nervosa and comparison women. *International Journal of Eating Disorders, 28* (2), 202—208.

Rose, A. L., & Kocovski, N. L. (2020). The Social Self-Compassion Scale (SSCS): Development, validity, and associations with indices of well-being, distress, and social anxiety. *International Journal of Mental Health and Addiction, 3*, 1—19.

Ryan, R. M., Deci, E. L., Grolnick, W. S., & La Guardia, J. G. (2006). The significance of autonomy and autonomy support in psychological development and psychopathology. In D. Cicchetti & D. J. Cohen (Eds.), *Developmental psychopathology: Theory and method* (pp. 795—849). John Wiley & Sons, Inc.

Salzberg, S. (1995). *Lovingkindness: The revolutionary art of happiness.* Boston: Shambhala; Boston.

Sangma, Z. M., Shantibala, K., Akoijam, B. S., Maisnam, A. B., Vizovonuo, V., & Vanlalduhsaki, D. (2018). Perception of students on parental and teachers' pressure on their academic performance. *Journal of Dental and Medical Sciences (IOSR-JDMS), 17* (1), 68—75.

Sbarra, D. A., Smith, H. L., & Mehl, M. R. (2012). When leaving your EX, love yourself: Observational ratings of self-compassion predict the course of emotional recovery following marital separation. *Psychological Science, 23* (3), 261—269.

Schellekens, M. P., Karremans, J. C., van der Drift, M. A., Molema, J., van den Hurk, D. G., Prins, J. B., & Speckens, A. E. (2017). Are mindfulness and self-compassion related to psychological distress and communication in couples facing lung cancer? A dyadic approach. *Mindfulness, 8* (2), 325—336.

Scoglio, A. A., Rudat, D. A., Garvert, D., Jarmolowski, M., Jackson, C., & Herman, J. L. (2018). Self-compassion and responses to trauma: The role of emotion regulation. *Journal of Interpersonal Violence, 33* (13), 2016—2036.

Seligowski, A. V., Miron, L. R., & Orcutt, H. K. (2015). Relations among self-compassion, PTSD symptoms, and psychological health in a trauma-exposed sample. *Mindfulness, 6* (5), 1033—1041.

Shanafelt, T. D., Bradley, K. A., Wipf, J. E., & Back, A. L. (2002). Burnout and self-reported patient care in an internal medicine residency program. *Annals of internal medicine, 136* (5), 358—367.

Shapira, L. B., & Mongrain, M. (2010). The benefits of self-compassion and optimism exercises for individuals vulnerable to depression. *The Journal of Positive Psychology, 5* (5), 377—389.

Shapiro, S. L., Astin, J. A., Bishop, S. R., & Cordova, M. (2005). Mindfulness-Based Stress Reduction for health care professionals: Results from a randomized trial. *International Journal of Stress Management, 12,* 164—176.

参考文献

Silk, J. S., Morris, A. S., Kanaya, T., & Steinberg, L. (2003). Psychological control and autonomy granting: Opposite ends of a continuum or distinct constructs? *Journal of Research on Adolescence, 13* (1), 113—128.

Sirois, F. M., Kitner, R., & Hirsch, J. K. (2015). Self-compassion, affect, and health-promoting behaviors. *Health Psychology, 34* (6), 661—669.

Sirois, F., & Rowse, G. (2016). The role of self-compassion in chronic illnesscare. *Journal of Clinical Outcomes Management, 23* (11), 521—527.

Smeets, E., Neff, K., Alberts, H., & Peters, M. (2014). Meeting suffering with kindness: Effects of a brief self-compassion intervention for female college students. *Journal of Clinical Psychology, 70* (9), 794—807.

Smolak, L., Levine, M. P., & Schermer, F. (1999). Parental input and weight concerns among elementary school children. *International Journal of Eating Disorders, 25* (3), 263—271.

Soenens, B., & Vansteenkiste, M. (2005). Antecedents and outcomes of self-determination in 3 life domains: The role of parents' and teachers' autonomy support. *Journal of Youth and Adolescence, 34* (6), 589—604.

Soenens, B., & Vansteenkiste, M. (2010). A theoretical upgrade of the concept of parental psychological control: Proposing new insights on the basis of self-determination theory. *Developmental Review, 30* (1), 74—99.

Soenens, B., Park, S. Y., Vansteenkiste, M., & Mouratidis, A. (2012). Perceived parental psychological control and adolescent depressive experiences: A cross-cultural study with Belgian and South-Korean adolescents. *Journal of Adolescence, 35* (2), 261—272.

Soenens, B., Vansteenkiste, M., Lens, W., Luyckx, K., Goossens, L., Beyers, W., & Ryan, R. M. (2007). Conceptualizing parental autonomy support: Adolescent perceptions of promotion of independence versus promotion of volitional functioning. *Developmental Psychology, 43* (3), 633.

Soenens, B., Vansteenkiste, M., Vandereycken, W., Luyten, P., Sierens, E., & Goossens, L. (2008). Perceived parental psychological control and eating-disordered symptoms: Maladaptive perfectionism as a possible intervening variable.

The Journal of Nervous and Mental Disease, *196*（2）, 144—152.

Spinrad, T. L., & Eisenberg, N.（2014）. Empathy, prosocial behavior, and positive development in schools. In M. J. Furlong, R. Gilman, & E. S. Huebner（Eds.）, *Educational psychology handbook series. Handbook of positive psychology in schools*（pp. 82—98）. Routledge/Taylor & Francis Group.

Starr, C. J., Sawaki, L., Wittenberg, G. F., Burdette, J. H., Oshiro, Y., Quevedo, A. S., & Coghill, R. C.（2009）. Roles of the insular cortex in the modulation of pain: Insights from brain lesions. *Journal of Neuroscience*, *29*（9）, 2684—2694.

Stephani, C., Vaca, G. F. B., Maciunas, R., Koubeissi, M., & Lüders, H. O.（2011）. Functional neuroanatomy of the insular lobe. *Brain Structure and Function*, *216*（2）, 137—149.

Stöber, J.（2003）. Self-pity: Exploring the links to personality, control beliefs, and anger. *Journal of Personality*, *71*（2）, 183—220.

Stroud, L. R., Salovey, P., & Epel, E. S.（2002）. Sex differences in stress responses: Social rejection versus achievement stress. *Biological Psychiatry*, *52*（4）, 318—327.

Stuewig, J.（2005）. The relation of child maltreatment to shame and guilt among adolescents: Psychological routes to depression and deliquency. *Child Maltreatment*, *10*, 324—336.

Stuss, D. T., & Knight, R. T.（Eds.）.（2013）. *Principles of frontal lobe function*. Oxford University Press.

Sue, S., & Okazaki, S.（1990）. Asian-American educational achievements: A phenomenon in search of an explanation. *The American Psychologist*, *45*, 913—920.

Swannell, S. V., Martin, G. E., Page, A., Hasking, P., & St John, N. J.（2014）. Prevalence of nonsuicidal self-injury in nonclinical samples: Systematic review, meta-analysis and meta-regression. *Suicide and Life-Threatening Behavior*, *44*（3）, 273—303.

Swickert, R., Bailey, E., Hittner, J., Spector, A., Benson-Townsend, B., &

参考文献

Silver, N. C. (2019). The mediational roles of gratitude and perceived support in explaining the relationship between mindfulness and mood. *Journal of Happiness Studies, 20* (3), 815—828.

Tangade, P., Mathur, A., Gupta, R., & Chaudhary, S. (2011). Assessment of stress level among dental school students: An Indian outlook. *Dental Research Journal, 8* (2), 95—101.

Taylor, M. B., Daiss, S., & Krietsch, K. (2015). Associations among self-compassion, mindful eating, eating disorder symptomatology, and body mass index in college students. *Translational Issues in Psychological Science, 1* (3), 229—238.

Taylor, S. E., & Lobel, M. (1989). Social comparison activity under threat: Downward evaluation and upward contacts. *Psychological Review, 96*, 569—575.

Tedeschi, R. G., & Calhoun, L. G. (2004). Posttraumatic growth: Conceptual foundations and empirical evidence. *Psychological Inquiry, 15* (1), 1—18.

Thayer, J. F., Åhs, F., Fredrikson, M., Sollers III, J. J., & Wager, T. D. (2012). A meta-analysis of heart rate variability and neuroimaging studies: Implications for heart rate variability as a marker of stress and health. *Neuroscience & Biobehavioral Reviews, 36* (2), 747—756.

Thompson, B. L., & Waltz, J. (2008). Self-compassion and PTSD symptom severity. *Journal of Traumatic Stress: Official Publication of the International Society for Traumatic Stress Studies, 21* (6), 556—558.

Toth-Kiraly, I., & Neff, K. D. (2021). Is self-compassion universal? Support for the measurement invariance of the self-compassion scale across populations. *Assessment, 28* (1), 169—185.

Trautwein, F. M., Naranjo, J. R., & Schmidt, S. (2014). Meditation effects in the social domain: Self-other connectedness as a general mechanism? In S. Schmidt, & H. Wallach (Eds.), *Meditation—Neuroscientific Approaches and Philosophical Implications* (pp. 175—198). Wiesbaden: Springer.

Trautwein, F. M., Naranjo, J. R., & Schmidt, S. (2016). Decentering the self? Preliminary evidence for changes in self-vs. other related processing as a long-term outcome of loving-kindness meditation. *Frontiers in Psychology, 7,* 1785.

Treynor, W., Gonzalez, R., & Nolen-Hoeksema, S. (2003). Rumination reconsidered: A psychometric analysis. *Cognitive Therapy and Research, 27* (3), 247—259.

Trompetter, H. R., de Kleine, E., & Bohlmeijer, E. T. (2017). Why does positive mental health buffer against psychopathology? An exploratory study on self-compassion as a resilience mechanism and adaptive emotion regulation strategy. *Cognitive Therapy and Research, 41* (3), 459—468.

Tsang, J. A. (2006). The effects of helper intention on gratitude and indebtedness. *Motivation and Emotion, 30* (3), 198—204.

Turk, F., & Waller, G. (2020). Is self-compassion relevant to the pathology and treatment of eating and body image concerns? A systematic review and meta-analysis. *Clinical Psychology Review, 79,* 101856.

Twenge, J. M. (2008). Generation me: Why today's young americans are more confident, assertive, entitled and more miserable than ever before. *Booklist, 33,* 43.

Tylka, T. L., Russell, H. L., & Neal, A. A. (2015). Self-compassion as a moderator of thinness-related pressures' associations with thin-ideal internalization and disordered eating. *Eating Behaviors, 17,* 23—26.

Ulloa, E. C., Hammett, J. F., Meda, N. A., & Rubalcaba, S. J. (2017). Empathy and romantic relationship quality among cohabitating couples: An actor-partner interdependence model. *The Family Journal, 25* (3), 208—214.

Umphrey, L. R., & Sherblom, J. C. (2014). The relationship of hope to self-compassion, relational social skill, communication apprehension, and life satisfaction. *International Journal of Wellbeing, 4* (2), 1—18.

Vallerand, R. J., Pelletier, L. G., Blais, M. R., Briere, N. M., Senecal, C., & Vallieres, E. F. (1992). The academic motivation scale: A measure of intrinsic, extrinsic, and amotivation in education. *Educational and Psychological Measurement, 52* (4), 1003—1017.

Van dam, N. T., Sheppard, S. C., Forsyth, J. P., & Earleywine, M. (2011). Self-

参考文献

compassion is a better predictor than mindfulness of symptom severity and quality of life in mixed anxiety and depression. *Journal of Anxiety Disorders, 25,* 123—130.

Van der Giessen, D., Branje, S., & Meeus, W. (2014). Perceived autonomy support from parents and best friends: Longitudinal associations with adolescents' depressive symptoms. *Social Development, 23*(3), 537—555.

van Furth, E. F., van Strien, D. C., Martina, L. M., van Son, M. J., Hendrickx, J. J., & van Engeland, H. (1996). Expressed emotion and the prediction of outcome in adolescent eating disorders. *International Journal of Eating Disorders, 20*(1), 19—31.

Van Petegem, S., Brenning, K., Baudat, S., Beyers, W., & Zimmer-Gembeck, M. J. (2018). Intimacy development in late adolescence: Longitudinal associations with perceived parental autonomy support and adolescents' self-worth. *Journal of Adolescence, 65,* 111—122.

Vanhalst, J., Goossens, L., Luyckx, K., Scholte, R. H., & Engels, R. C. (2013). The development of loneliness from mid-to late adolescence: Trajectory classes, personality traits, and psychosocial functioning. *Journal of Adolescence, 36*(6), 1305—1312.

Villemure, C., & Bushnell, M. C. (2009). Mood influences supraspinal pain processing separately from attention. *Journal of Neuroscience, 29*(3), 705—715.

Waldinger, R. (2015). *"What makes a good life? Lessons from the longest study on happiness"* [video file]. Retrieved from https://www.ted.com/talks/robert_waldinger_what_makes_a_good_life_lessons_from_the_longest_study_on_happiness

Wallis, D. J., & Hetherington, M. M. (2004). Stress and eating: The effects of ego-threat and cognitive demand on food intake in restrained and emotional eaters. *Appetite, 43*(1), 39—46.

Wang, Q., Pomerantz, E. M., & Chen, H. C. (2007). The role of parents' control in early adolescents' psychological functioning: A longitudinal investigation in the United States and China. *Child Development, 78,* 1592—1610.

Wang, X., Chen, Z., Poon, K. T., Teng, F., & Jin, S. (2017). Self-compassion decreases acceptance of own immoral behaviors. *Personality and Individual*

Differences, 106, 329—333.

Warren, J. M., Smith, N., & Ashwell, M. (2017). A structured literature review on the role of mindfulness, mindful eating and intuitive eating in changing eating behaviours: Effectiveness and associated potential mechanisms. *Nutrition Research Reviews, 30* (2), 272—283.

Wasylkiw, L., MacKinnon, A. L., & MacLellan, A. M. (2012). Exploring the link between self-compassion and body image in university women. *Body Image, 9* (2), 236—245.

Watson, D., Clark, L. A., & Tellegen, A. (1988). Development and validation of brief measures of positive and negative affect: The PANAS scales. *Journal of Personality and Social Psychology, 54* (6), 1063—1070.

Watson, N. V., & Breedlove, S. M. (2012). *The mind's machine: Foundations of brain and behavior.* Sinauer Associates.

Weinstein, N., Ryan, W. S., DeHaan, C. R., Przybylski, A. K., Legate, N., & Ryan, R. M. (2012). Parental autonomy support and discrepancies between implicit and explicit sexual identities: Dynamics of self-acceptance and defense. *Journal of Personality and Social Psychology, 102* (4), 815—832.

Welp, L. R., & Brown, C. M. (2014). Self-compassion, empathy, and helping intentions. *The Journal of Positive Psychology, 9* (1), 54—65.

West, C. P., Huschka, M. M., Novotny, P. J., Sloan, J. A., Kolars, J. C., Habermann, T. M., & Shanafelt, T. D. (2006). Association of perceived medical errors with resident distress and empathy: A prospective longitudinal study. *The Journal of the American Medical Association, 296* (9), 1071—1078.

Westbrook, C., Creswell, J. D., Tabibnia, G., Julson, E., Kober, H., & Tindle, H. A. (2013). Mindful attention reduces neural and self-reported cue-induced craving in smokers. *Social Cognitive and Affective Neuroscience, 8* (1), 73—84.

Whelan, E., & Cooper, P. J. (2000). The association between childhood feeding problems and maternal eating disorder: A community study. *Psychological Medicine, 30* (1), 69—77.

Whelton, W. J., & Greenberg, L. S. (2005). Emotion in self-criticism. *Personality and Individual Differences, 38*, 1583—1595.

Wiech, K., Ploner, M., & Tracey, I. (2008). Neurocognitive aspects of pain perception. *Trends in Cognitive Science, 12*, 306—313.

Won, S., & Yu, S. L. (2018). Relations of perceived parental autonomy support and control with adolescents' academic time management and procrastination. *Learning and Individual Differences, 61*, 205—215.

Wong, C. C. Y., & Mak, W. W. S. (2016). Writing can heal: Effects of self-compassion writing among hongkongchinese college students. *Asian American Journal of Psychology, 7*(1), 74—82.

Wong, C. C. Y., & Yeung, N. C. (2017). Self-compassion and posttraumatic growth: Cognitive processes as mediators. *Mindfulness, 8*(4), 1078—1087.

Wood, A. M., Froh, J. J., & Geraghty, A. W. A. (2010). Gratitude and well-being: A review and theoretical integration. *Clinical Psychology Review, 30*(7), 890—905.

Worthington, E. L. (2006). A stress-and-coping theory of forgivingness and relevant evidence. In Worthington (Ed.), *Forgiveness and Reconciliation* (pp.15—83). Routledge Press.

Wouters, S., Doumen, S., Germeijs, V., Colpin, H., & Verschueren, K. (2013). Contingencies of self-worth in early adolescence: The antecedent role of perceived parenting. *Social Development, 22*(2), 242—258.

Wu, Q., Chi, P., Zeng, X., Lin, X., & Du, H. (2019). Roles of anger and rumination in the relationship between self-compassion and forgiveness. *Mindfulness, 10*(2), 272—278.

Yang, Y., Guo, Z., Kou, Y., & Liu, B. (2019). Linking self-compassion and prosocial behavior in adolescents: The mediating roles of relatedness and trust. *Child Indicators Research, 12*(6), 2035—2049.

Yang, Y., Guo, Z., Wu, J., & Kou, Y. (2020). Self-compassion relates to reduced unethical behavior through lower moral disengagement. *Mindfulness, 11*, 1424—1432.

Yang, Y., Kong, X., Guo, Z., & Kou, Y. (2021). Can self-compassion promote gratitude and prosocial behavior in adolescents? A 3-year longitudinal study from China. *Mindfulness*, *12*, 1377—1386.

Yang, Y., Li, P., Fu, X., & Kou, Y. (2017). Orientations to happiness and subjective well-being in Chinese adolescents: The roles of prosocial behavior and Internet addictive behavior. *Journal of Happiness Studies*, *18*(6), 1747—1762.

Yarnell, L. M., & Neff, K. D. (2013). Self-compassion, interpersonal conflict resolutions, and well-being. *Self and Identity*, *12*(2), 146—159.

Zeidan, F., Martucci, K. T., Kraft, R. A., Gordon, N. S., McHaffie, J. G., & Coghill, R. C. (2011). Brain mechanisms supporting the modulation of pain by mindfulness meditation. *Journal of Neuroscience*, *31*(14), 5540—5548.

Zeng, X., Chiu, C. P., Wang, R., Oei, T. P., & Leung, F. Y. (2015). The effect of loving-kindness meditation on positive emotions: A meta-analytic review. *Frontiers in Psychology*, *6*, 1693.

Zhang, L., Zhu, Y., & Han, S. (2011). The relation between the self and others: A transcultural neuroimaging approach. In S. Han, & E. Pöppel (eds), *Culture and neural frames of cognition and communication. On thinking* (pp.77—91). Berlin, Heidelberg: Springer.

Zuroff, D. C., Koestner, R., & Powers, T. A. (1994). Self-criticism at age 12: A longitudinal study of adjustment. *Cognitive Therapy and Research*, *18*, 367—385.

陈健, 燕良轼, 周丽华. (2011). 中文版自悯量表的信效度研究. *中国临床心理学杂志*, *19*(6), 734—736.

费定舟, 马言民. (2017). 完美主义真的"完美"吗?——完美主义综述. *中国临床心理学杂志*, *25*(03), 566—571.

郭震, 杨莹, 张梦圆, 寇彧. (2018). 幸福倾向及其对幸福感的影响:机制及发展. *青年研究*, *6*, 1—9.

何元庆, 姚本先, 陆敏, 刘娟, 徐青, 孙桂丽. (2010). 888例大学生心理咨询特点分析. *安徽师范大学学报(人文社会科学版)*, *38*(3), 338—341.

胡金萍, 种道汉. (2019). 亲子亲和与青少年亲社会倾向的关系:自我同情与情绪调节策略的中介作用. *中国特殊教育*, *12*, 14.

景雅芹, 贺司琪, 贺金波, 周玲玲, 李静. (2015). 社交焦虑的生物学基础:生理、遗传和进化的证据. 心理科学进展, 23（8）, 1418—1427.

李玖玲, 陈星, 赵春华, 徐勇.（2016）. 中国儿童青少年抑郁症状流行率的 Meta 分析. 中国儿童保健杂志, 3, 295—298.

李梅, 卢家楣.（2005）. 不同人际关系群体情绪调节方式的比较. 心理学报, 37（04）, 517—523.

李松蔚, 邵瑾.（2018）. 共情：人际和谐的纽带. 心理与健康, 12, 64—65.

梁凤华, 段锦云.（2018）. 社会面子意识、冲突处理策略与人际关系满意度. 心理学探新, 38（06）, 527—533.

林崇德.（2002）. 发展心理学. 杭州：浙江教育出版社.

刘艾祎, 王文超, 伍新春, 田雨馨.（2020）. 自我同情对青少年创伤后成长的影响：基本心理需要满足的调节作用. 中国临床心理学杂志, 2, 223—228.

刘会驰, 吴明霞.（2011）. 大学生宽恕、人际关系满意感与主观幸福感的关系研究. 中国临床心理学杂志, 19（4）, 531—533.

刘惠军, 郭德俊, 李宏利, 高培霞.（2006）. 成就目标定向、测验焦虑与工作记忆的关系. 心理学报, 2, 254—261.

刘鹏志.（2005）."空椅子技术"在心理咨询中的应用. 思想·理论·教育, 18, 71—73.

刘群, 赵峰, 张姝玥.（2020）. 相生相成：拥有生命意义与亲社会行为相互关系的纵向研究. 心理科学, 6, 1438—1445.

卢勤.（2010）. 个人成长与社会化. 成都：四川大学出版社.

陆晓花, 张宁.（2006）. 进食障碍的亚临床状态（综述）. 中国心理卫生杂志, 6, 381—383.

陆遥, 何金波, 朱虹, 吴思遥, 蔡太生, 胡献, 毛巍嶷.（2015）. 父母教养方式对青少年进食障碍的影响：自我控制的中介作用. 中国临床心理学杂志, 3, 473—476.

吕剑晨, 张琪.（2016）. 网络与现实：人际关系的质量差异. 应用心理学, 23（1）, 31—39.

民生周刊.（2019）. 进食障碍亟待被重视. http：//paper.people.com.cn/mszk/html/2019-01/21/content_1907059.htm

聂宏斌, 阴山燕, 任丽君, 韩梦娇, 朱思琪, 孙小越, 等.（2018）. 共情训练改善初中生人际关系的实验研究. 中国健康心理学杂志, 26（9）, 1398—1402.

潘玮, 高雪梅.(2016). 中学生情绪智力、家庭环境与攻击性的关系. *中国健康心理学杂志*, *24*(10), 1498—1502.

桑标, 邓欣媚.(2015). 中国青少年情绪调节的发展特点. *心理发展与教育*, *31*(1), 37—43.

王极盛, 丁新华.(2003). 中学生抑郁与其相关影响因素的综合研究. *中国学校卫生*, *4*, 336—338.

王璐, 宋娟, 魏艳秋, 解鸿宇, 彭瑶, 张静达.(2019). 初中生家庭环境与攻击性的关系: 共情的中介作用. *心理与行为研究*, *17*(02), 216—222.

王英春, 邹泓.(2009). 初中生人际关系能力的发展及其与人格的关系. *中国健康心理学杂志*, *17*(1), 59—61.

夏天生, 刘君, 顾红磊, 董书亮.(2016). 父母冲突对青少年攻击行为的影响: 一个有调节的中介模型. *心理发展与教育*, *4*, 503—512.

许燕, 梁觉.(1998). 北京师范生人际冲突处理方式的研究. *青年研究*, *4*, 20—26.

许燕, 梁向芬.(1997). 师范大学新生的心理问题探析. *青年研究*, *11*, 7—9.

杨林佩, 石伟.(2011). 青少年恋爱关系: 研究取向、方法与影响因素. *心理科学进展*, *19*(3), 372—381.

杨莹, 张梦圆, 寇彧.(2016). 青少年亲社会行为量表的编制与维度的再验证. *中国社会心理学评论*, *1*, 135—150.

姚本先, 何元庆, 王道阳.(2012). 加强青少年学生自杀危机干预的政策探讨. *中国卫生事业管理*, *29*(9), 705—706.

姚玉华, 陈道湧, 周峰, 刘庆元.(2010). 父母教养方式与社区青少年暴力攻击行为的关系. *中国学校卫生*, *9*, 1091—1093.

张翔, 樊富珉.(2003). 大学生心理健康教育的新视野: 冲突教育初探. *清华大学教育研究*, *24*(4), 59—63.

张亚利, 李森, 俞国良.(2019). 自尊与社交焦虑的关系: 基于中国学生群体的元分析. *心理科学进展*, *27*(6), 1005—1018.

赵崇莲, 郑涌, 李宏翰, 张建梅.(2006). 影响大学生人际关系主观因素的初步研究. *心理科学*, *29*(6), 1431—1433.

郑晓丽.(2018). 中学生心理健康状况调查分析. *当代护士(上旬刊)*, *11*, 35—37.

邹泓.(1998). 同伴关系的发展功能及影响因素. *心理发展与教育*, *14*(2), 39—44.

图书在版编目（CIP）数据

自我关怀：走出苛责的怪圈 / 杨莹著. — 上海：上海教育出版社，2021.10
（俊秀青年书系 / 郝宁主编）
ISBN 978-7-5720-1179-5

Ⅰ.①自… Ⅱ.①杨… Ⅲ.①情绪-自我控制-研究 Ⅳ.①B842.6

中国版本图书馆CIP数据核字(2021)第204964号

责任编辑　金亚静
装帧设计　闻人印画

俊秀青年书系
郝　宁　主编
Ziwo Guanhuai: Zouchu Keze de Guaiquan
自我关怀：走出苛责的怪圈
杨　莹　著

出版发行	上海教育出版社有限公司
官　　网	www.seph.com.cn
地　　址	上海市永福路123号
邮　　编	200031
印　　刷	上海昌鑫龙印务有限公司
开　　本	890×1240　1/32　印张 7
字　　数	162 千字
版　　次	2021年10月第1版
印　　次	2021年10月第1次印刷
书　　号	ISBN 978-7-5720-1179-5/B·0032
定　　价	49.00 元

如发现质量问题，读者可向本社调换　　电话：021-64377165